"十四五"职业教育部委级规划教材

新时代服务礼仪

中国服务行业礼仪培训推荐用书

纪亚飞

主编

张小宁 冯 萍

副主编

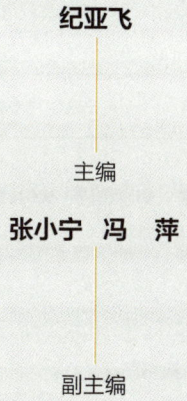 中国纺织出版社有限公司 国家一级出版社
全国百佳图书出版单位

内 容 提 要

本书是一本与时代同行的服务礼仪书。

全书依托服务礼仪标准规范，结合当下数字化、智能化等时代特点，介绍了当前新时代服务礼仪的规范与要求，内容涵盖新时代服务人员的服务素养、服务形象、服务举止、服务语言、服务流程、岗位规范、服务创新等。

本书适合从事服务相关行业的人或间接从事服务工作的人，旨在帮助他们提升服务素养和服务品质，也适合作为服务型企业员工的培训用书，有助于企业提升市场竞争力。

图书在版编目（CIP）数据

新时代服务礼仪 / 纪亚飞主编；张小宁，冯萍副主编. --北京：中国纺织出版社有限公司，2023.4（2025.8重印）
ISBN 978-7-5180-9739-5

Ⅰ.①新… Ⅱ.①纪…②张…③冯… Ⅲ.①服务业—礼仪 Ⅳ.①F718

中国版本图书馆CIP数据核字（2022）第139780号

责任编辑：刘 丹　责任校对：高 涵　责任印制：储志伟

中国纺织出版社有限公司出版发行
地址：北京市朝阳区百子湾东里A407号楼　邮政编码：100124
销售电话：010—67004422　传真：010—87155801
http://www.c-textilep.com
中国纺织出版社天猫旗舰店
官方微博http://weibo.com/2119887771
北京华联印刷有限公司印刷　各地新华书店经销
2023年4月第1版　2025年8月第3次印刷
开本：710×1000　1/16　印张：15
字数：147千字　定价：68.00元

凡购本书，如有缺页、倒页、脱页，由本社图书营销中心调换

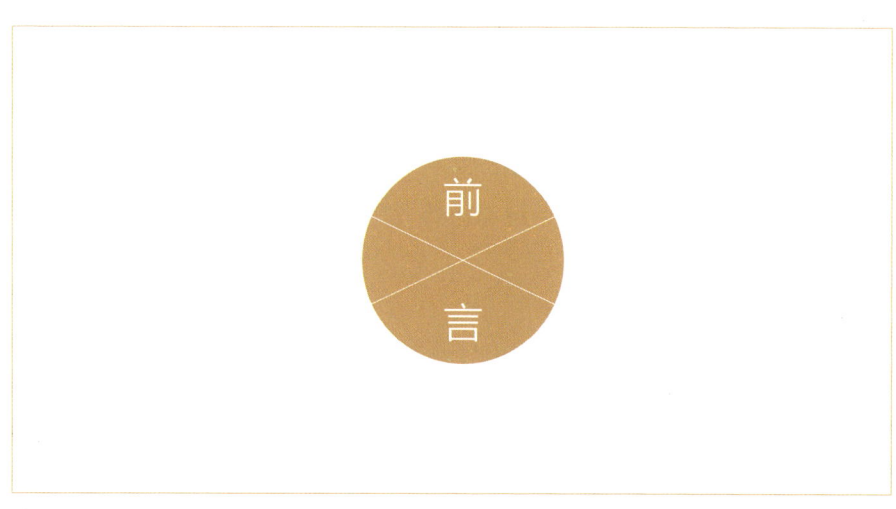

这是一本与时代同行的服务礼仪书。

从隆冬到初春,三个人四个月。北京的一场场冬雪见证了我们穿梭在机场、酒店、餐厅、银行的身影,树上一片片绿叶记录了我们在电脑前书写、修改、推翻再来的过程。服务从一个抽象的概念,渐渐清晰为一个个具体的流程。一张笑脸、一个得体的姿势、一句如沐春风的话,一份恰到好处的支持,组成了一个顺畅的服务流程。

让服务可视化、具体化、智慧化是我们写书的目标。

落地机场,接到网约车司机的电话:"我在停车场等您,根据规定,网约车统一在地下一层等候,您从出口走出来,右转步行20米左右,看到通往停车楼的标识,乘坐右手边直梯,在地下一层出来即可。"语言简洁清晰,我听得十分明白,按照他的描述,我顺利找到了电梯。即将走出时，我再次拨打司机电话，走出电梯就看到一张热情的笑脸，他冲我扬了扬手里的电话，我们相视一笑，我随即挂掉电话。"您的手机尾号是××××对吗？一路辛苦了，把箱子给我吧，车在前边就几步路。"网约车司机说。

作为一位客户，我用了最短的时间顺利乘车感觉良好；作为一名专业服务培训师，我感受到了服务的温暖和智慧。我想他一定预先在机场考察过路线，因为北京首都机场三号航站楼有很多部电梯、扶梯，还要从航站楼通过连接长廊到达停车楼，如果没有实地考察和记录，无法如此清晰描述"走多少步坐哪部电梯"。他也一定设计过自己的电话沟通内容，因为他的沟通语言做到了"先告知结果，再说明原因，最后讲解细节"，这让我第一时间知道我需要到停车场乘车，而不是出发层或到达层，也不用再考虑更改会合地点，因为首都机场有明确的网约车接机地点，我也不必再考虑能不能去"三分钟快速"站点。更令我惊喜的是他居然愿意提供"多走一步路"的服务。以前很多次乘车，我都是边打电话边去偌大的停车场找车，司机一般都在自己的车辆附近等候，北京首都机场的停车楼分好几个区域，我来回折返绕圈也是经常发生的。而这位网约车司机则是自己多走几步路到电梯口接我，让我以最快速的方式找到了车。还有那句"一路辛苦了"，素昧平生的人的一句暖心话，照亮了深夜11点的一片天空，我几乎感动落泪，因为这一句话说出了冬日深夜晚归旅人疲惫的心声。回到家中，我做的第一件事就是在平台给他打出五星好评，他没说，而我作为客户乐意之至。

这次服务中蕴含了"提前考察，方便客户"的积极服务态度；深藏了"多走一步路，让服务前置"的主动服务意识；呈现了"先说结论，再说理由，方便客户理解"的语言服务技巧；体现了"一路辛苦了的同理心表达"的良好服务素养；展示了"协助提拿放置行李"的接机规范流程……服务进入了新时代，标准化服务已经不能够让客户满足，充满积极心态的智慧服务才更能令客户赞许。

在积累服务体验的过程中，很多次我被打动，但想要放在前言中和大家分享的案例，我毫不犹豫地选择了这位网约车司机的服务故事。因为他的故事很简单，就是我们身边的人、身边的事，也许有一天你也会遇到"TA"，他的行为看似很简单，似乎没有多余的成本支出，比如车厢内的玩偶、香氛、矿泉水等，但又是无价的，源于他积极的心态、敬业的态度、规范的流程。给车中增加一瓶果汁，学起来很容易，但恰到好处让客户舒服的服务却是很难被效仿的，我们或许可以模仿一句话、一个动作，但服务态度却很难被模仿。而这些又恰恰是这本《新时代服务礼仪》所关注的，精益求精我们的服务技能，精雕细刻我们的服务流程，精心打造我们的优质服务，因为客户一旦享受过更好的服务礼遇，就无法对标准化的服务感到满意，客户的感受就是我们服务改进的驱动力。

数字时代的智能服务也占据了书中很大的篇幅，与时俱进和时代同行就是我们的目标，如果时代车流滚滚向前，甚至一日千里，我们就不会在原地停留。直播间服务的热潮、智能服务机器人的涌现、短视频服务的冲击，我们都看到了，并且用心体会，正如2021年，我在北京数字经济体验周做的发言《数字时代提升服务效能》，将智能客服、智能机器人服务等做了深度剖析。毋庸置疑，我们正在发生改变，我们必须关注变化。

我们的日常生活正在数据化、在线化、智能化、实时化，因此，我们所关注的服务不能仅局限于线下服务，也要关注到数字时代服务的科技化，服务会成为企业竞争的软实力。

随着服务经济时代的到来，科技力量的迅猛发展，经济增长引擎由投资切换为消费，新服务时代已经到来，因此升级服务标准，提高服务能力势在必行。著名的市场营销专家菲利普·科特勒早年提出了一个产品的三层次结构理论。该理论认为，任何一种产品都可被分为三个层次：核心利益（Core Benefit），即使用价值或效用；有形产品（Form Product），包括式样、品牌、名称、包装等；附加产品（Extra Product），即附加服务或利益，并认为这三个层次是相互联系的有机整体。而附加产品恰恰是最有机会提升的，并且是最打动客户的一个部分，核心产品的迭代和升级需要很多现实的基础，而附加产品往往是比较感性的部分，能够通过服务设计、服务培训、服务管理等环节快速提升，比如"多说一句话""服务做在客户想而未说之前""首问负责制""办不成事"窗口等，这些都是附加产品，也是本书重点关注的部分。

这本书适合从事服务相关行业的人。在服务时代，我想很多人都直接或间接地从事服务工作，我相信本书会对您有所帮助。时代在发展，科技在进步，如果本书能够带给您关于"服务时代"更多的思考，就是我们莫大的荣幸。

这本书是三个人一起合作完成的。第一章第一节、第二节，第五章第一节，第六章由我完成；第二章第四节、第三章和第四章，以及本书形象举止示范照片均由张小宁完成；第一章第三节、第四节，第二章第一节、第二节、第三节，第五章第二节、第三节、第四节由冯萍完成。

再次感谢亲爱的读者，您捧起这本书就是对我们莫大的信赖。感谢图书编辑刘丹的耐心指导与协助，也要感谢这本书让我们有了更多的思考和体验，我们会不断听取读者的声音，不断学习、进步和完善，谢谢。

纪亚飞

2022 年 3 月 23 日　北京

目 录

第一章 服务时代，礼仪相彰

第一节　新时代服务礼仪新内涵 / 2

第二节　新时代的顾客服务"欣"趋向 / 9

第三节　新时代的服务标准"心"维度 / 17

第四节　新时代的客户需求"馨"思路 / 24

第二章 职业形象，与时俱进

第一节　赢得信赖的服务形象 / 32

第二节　淡妆轻抹的仪容礼仪 / 39

第三节　专业可信的形象礼仪 / 49

第四节　恰到好处的配饰礼仪 / 62

第三章 温暖怡人：表情礼仪

第一节　神采奕奕的目光礼仪 / 72

第二节　倍感尊重的目光服务 / 77

第三节　如沐春风的微笑礼仪 / 82

第四节　温暖舒适的微笑服务 / 88

第四章 | 优雅举止：仪态礼仪

第一节　优雅举止提升服务品质 / 96

第二节　亭亭玉立的服务站姿 / 100

第三节　步履轻盈的服务走姿 / 112

第四节　端庄大方的服务坐姿 / 116

第五节　舒适得体的服务蹲姿 / 122

第六节　规范明确的服务手势 / 126

第七节　亲切优雅的行礼方式 / 136

第五章 | 服务流程，精益求精

第一节　客户服务的积极心态 / 144

第二节　客户服务的语言艺术 / 152

第三节　客户服务的接待艺术 / 160

第四节　客户服务的送别艺术 / 173

第六章 | 数字时代，服务创新

第一节　数字时代，智慧服务 / 182

第二节　直播服务礼仪规范 / 192

第三节　移动短视频服务规范 / 202

第四节　新媒体服务礼仪 / 208

第五节　客户投诉管理 / 216

第一章

服务时代,
礼仪相彰

第一节
新时代服务礼仪新内涵

一位客户拉着行李箱走进酒店大堂，礼宾员快步走过来，紧凑的步伐展示了积极的服务态度。"请到这边办理入住手续。需要我帮您拿行李吗？"在礼宾员"主动上前快步行走"的行为中我们看到了积极主动的服务意识。原来你的服务态度不用写成口号，你的举止中就透露着服务素养。

在餐厅门口，一位顾客看到服务人员为客人引领位置暂时离开，于是一边看手机一边等待，服务人员返回后说的第一句话是"感谢您的等待"，然后才热情地询问用餐人数、喜欢什么样的位置。一句"感谢您的等待"将宾至如归的服务理念体现得淋漓尽致，一句暖心的话语诠释了这家餐厅和这位服务人员的服务态度。

飞机进入平飞状态，客舱内开始提供饮料服务，推着餐车的空姐用手护住餐车角并提醒身体向外倚靠的旅客："麻烦您向里靠一下，餐车通过，请小心。""麻烦您"是多么可贵的服务心态，"用手护住车角"是多么真诚的服务行为，"请小心"是多么有礼貌的服务语言，言行举止均体现了航空公司"客户至上"的服务理念。

一位市民去政务大厅办理自己的社保事宜，一进大厅就看到了"办不成事"窗口，顿时感觉自己想要问的有关"异地社保"的一系列复杂问题有了答案。2021年11月29日，北京市政务局编制的《政务服务中心现场运行和管理规范》正式实施。包括：提前30分钟开放休息等候区迎候服务对象；窗口人员应精神饱满，做到来有迎声、问有答声、走有送声；设立反映"办不成事"窗口，对反映的问题"闻风而动、接诉即办"……这是继《北京市政务服务标准化管理办法》之后，对标企业、群众需求编制的又一项政务服务场所规范化管理规定。

"办不成事"窗口是一个通俗的称呼，核心在于围绕企业、群众办事方便，集中处理非企业、群众自身原因办不成事的问题。北京市各区级政务服务中心都设置了"办不成事"窗口，各区突出自身特色，比如，朝阳区推出的"朝我说"、顺义区推出的"顺手提"，都是为了解决企业、群众办事中的难办事。

服务时代已然到来，服务礼仪也已经不仅仅局限于形象举止的规范化，而是有了更加与时俱进的内涵。

一、服务礼仪的定义

中国是世界四大文明古国之一，一直极为重视礼仪，也因此享有"礼仪之邦"的美誉，礼仪典籍更是汗牛充栋。"礼"是中国传统文化的核心，它的内涵极为丰富，不但建立和体现了社会秩序，也为人们的交往方式提供了指导，是大家必须遵循并且约定俗成的一般行为规范。

礼仪在一定程度上是一个国家文明的标志，是精神文明建设的重要内容。

当今是一个服务至上的时代，单纯地讲究营销技巧已不能促使企业客户群体不断扩大，客户的需求在不断变化和发展。

什么是服务？《质量管理和质量体系要素 第2部分：服务指南》中对服务作出如下定义："为满足顾客的需要，供方与顾客接触的活动和供方内部活动所产生的结果。"

服务礼仪是服务人员在工作岗位上，通过工作面貌、服务态度、职业形象、言谈举止等对客户表示尊重和友好的行为规范及惯例。简而言之，就是服务人员在工作场合适用的服务规范和工作艺术。

服务礼仪是体现服务素养及服务品质的重要途径，它可以将无形的服务有形化、规范化、系统化。主要内容包括：服务人员的服务素养、服务形象、服务举止、服务语言、服务流程和岗位规范等（图1-1）。

图1-1

第24届冬季奥林匹克运动会，即2022年北京冬季奥运会是在中国举办的国际性奥林匹克赛事。在这届盛大的体育赛事中，吉祥物"冰墩墩"实力演绎了顶级的服务精神。"冰墩墩"们紧扣赛事进程，了解大众热点，引领积极向上、趣味十足的潮流，为紧张激烈的比赛增添了更为丰富的体验。甚至坐在家中的观众，通过网络都能感受到"冰墩墩"的服务热情：它时而在场边卖萌，与"雪容融"拥抱传播奥运会的友好和融合；时而卖力喝彩，成为最吸睛的拉拉队队员，点燃场上热情；时而和运动员妙趣互动，"顶流"的称号不仅仅是外形，还体现了中国人的热情开放；它时而穿上冰鞋走上冰场，制造快乐、创作故事，让赛场之外的各国运动员之间的友情得到释放；时而紧扣观众需求，挑战花样滑冰高难度的"4A"旋转，虽一次次摔倒，但却赢得了更多人的喜爱，为更多人创造了快乐。它让不能走进赛场的人们和这场赛事有了更紧密的互动。而"冰墩墩"的背后是一个"人"，一个个穿着冰墩墩外套的"人"，是他们蓬勃热情的服务精神为我们创造了更多的快乐。

无论你是否关注，"一切皆服务"的时代已经到来，而这一切又和服务礼仪密切相关。当"冰墩墩"和每个喜欢它的运动员拥抱时，都传递了"冰墩墩"的扮演者对世界的友好，这其实表现了礼仪的内涵；北京冬奥会结束时"冰墩墩"对志愿者鞠躬，它们懂感恩、知感谢、有同理心，展现了良好的礼仪；每天热情上岗的"冰墩墩"扮演者，蹦蹦跳跳的问候和仿佛不知疲倦的演出，展现了礼仪的精神。

"冰墩墩"既有饱含热情的服务意愿，又有充满尊重的服务礼仪，"服务为王，礼仪相彰"，新时代的服务需要与时俱进的礼仪。

二、服务礼仪的作用

如今许多企业都意识到"应把服务视作市场竞争的砝码"，因为客户已比过往更加在意自身的服务体验，他们对服务内容有了更多要求，对服务品质有了更高期待，在享受过"优质服务"之后，便再不能容忍"合格服务"。甚至那些曾经让顾客满意的服务，经过一段时间之后，有可能也不能再满足客户的需要了。服务的竞争犹如一场漫长的马拉松，我们只有一直向前奔跑，去追逐客户的需求和期待，才能获得客户的支持和信赖。

礼仪作为一种行为规范和服务规范对于服务品质的提升具有重要的意义和作用。

（一）树立企业形象

每位员工都是企业的形象代言人，通过个人形象可以展现出企业的风采。当每位服务人员都以良好的礼仪形象出现在客户面前时，便树立了这家企业的整体社会形象。

（二）提升服务价值

以良好的礼仪接待每一位客户，达到优质服务的目标，能够帮助企业在日益激烈的市场竞争中，提升客户忠诚度，赢得市场份额。市场竞争即客户竞争，拥有忠诚的客户群体，加上自身强大的技术实力，企业在多方称雄的角逐中，才能发展壮大，稳如磐石。

2022年春节，侯先生一家入住北京贵宾楼饭店，走进大堂扑面而来的"年味儿"让一家人欢喜雀跃。原本因为地理位置好而选择这里，此刻无论从位置到环境，还是从形象到服务都给一家人带来了更多意外的春节欢乐。饭店里尽是春节元素的主题布置（图1-2），有灯笼、对联、"福"字，还有金橘树（图1-3）。服务人员见到客人时都会热情洋溢地问候一句"过年好",每次在客房走廊相遇也都会问候并侧身礼让。游玩一天回到房间,能看到客房服务员在"夜床"服务后精心准备的甜甜的草莓和别出心裁折叠的"毛巾老虎",这些都为这个春节增添了热烈、温暖的氛围(图1-4)。

图1-2　　　　　　图1-3　　　　　　图1-4

每年春节,各商家、酒店、机场都会做"春节"环境氛围布置,但大多数都只是简单地贴个"福"字、挂两个中国结,采用的常是差强人意的一次性用品,往往并没有和环境的规格保持一致。北京贵宾楼饭店,从很多细节处体现了高品质服务,同样的"福"字,金色和红色映衬,色调纯正、做工精细;房间里毛巾叠成的"小老虎"也让客户家人爱不释手。不是所有服务都能打动客户,有些只是苍白的流程,而这只不能带走的"小老虎"却给客户留下了难忘的虎年春节记忆,这愉悦的记忆中包含"北京贵宾楼饭店"。

(三)赢得客户信赖

礼仪最核心的功能是为人际沟通加分,最本质的内涵是尊重,首先是自尊，其次是尊重他人，而"尊重"无疑是人际交往最重要的因素。

王小姐在北京一家酒店入住，早餐时的一个小插曲，让她决定以后来北京一定还要住这里。她在自助餐台前看到只有饮料，便询问身边的工作人员是否有柠檬水，服务员说："自助台没有柠檬水，您坐在哪里，我一会给您送过去。"自助餐厅比较大，而她的位置被中间的开放餐台挡住了，她没办法清晰地指出自己的位置，于是王小姐说："那我回到座位找就近的服务员吧，谢谢。"她绕过中间圆形的餐品岛屿，用余光看到服务员一直跟着她，内心涌出小小的感动，她知道服务员是想确定她的位置及时为她提供柠檬水。

"仓廪实而知礼节，衣食足而知荣辱。"现代企业的竞争已不单纯是产品竞争，同时还包括服务竞争，因为客户越来越重视产品服务的体验感。

而企业也需要与时俱进，不断赋予服务新的内涵，"让客户感动"不能只是一句口号，它必须是企业在服务时代拥有的扎扎实实的行动力。

第二节
新时代的顾客服务"欣"趋向

北京金茂万丽酒店游泳池区域，一对母子走了进来，小男孩欣喜地跳进游泳池，一边扑腾水花，一边激动地向母亲招手，这位女士整理好物品也准备进入游泳池。

酒店救生员走过来说："女士您好，请问您带泳帽了吗，进入游泳池需要戴泳帽。"

"啊，我忘带了。"女士说。

"特别抱歉，进入游泳池需要戴泳帽。"救生员一脸歉意地说。

"没关系，那我就不下去了。"

这位女士认真地向儿子解释了为什么不能下水，然后就蹲在泳池边陪儿子聊天。

过了五分钟救生员又走了过来。

"女士您好，如果您不介意，我们可以借给您一个干净的泳帽。"

不一会儿救生员拿来了一个泳帽，于是泳池里出现了欢乐的母子游泳竞赛的场景。

对于很多人而言在酒店里购买一个泳帽大可不必，可能很多人由于忘带泳帽已买过不少，这样一个暖心的"借"让很多人感受到了服务中积极的一面。服务不再是冰冷的规则，而是有了更加欣欣向荣的气质。因为通常遇到这样的情况，我们得到的只有两个选择：不戴泳帽不能进入游泳池，或者在酒店用一个你不太情愿的价格购买一个崭新的泳帽。而"借"就给客户多了一个选择，也多了一份体谅和周到。

真正了解什么是优质服务，才能真正掌握服务礼仪的密码。

一、客户服务的特性

（一）无形性

服务是无形的。在购买服务之前，它们看不见、尝不到、摸不着、听不见、感受不到。入住酒店之前，你无法确知客方服务的品质；在网络购买产品时，你也无法确知售后服务的质量。

很多企业每年投入大量的精力及财力推出服务新产品，名称和内容都很吸引人，但是在实际体验前，我们无法获知真正的内容，只能通过字面广告进行推测，却又往往在体验过后大失所望。因为很多服务新产品其实是在跟客户玩文字游戏，并无多少有价值的内容。

比如，有些电器的售后宣称有各种服务，包括安装前清洁电器表面，但实际上客户看到的是：售后人员从兜里掏出一块皱巴巴的抹布，在电器表面来回涂抹三次，电器表面依旧有包装盒上的泡沫，而这看起来好像与他们没有任何关系。

有时客户很难准确评估服务的品质，但常常会用一句"服务态度不好"涵盖所有不愉快的服务体验，而我们就是要让无形的服务有形化、可操作化、具体化，因此系统规范的服务礼仪培训就是必不可少的（图1-5），它能够帮助服务工作者开阔服务眼界、掌握服务技能、提升服务品质。

图1-5

（二）差异性

客户服务具有差异性，企业提供的服务不可能像流水线上的产品一般如出一辙，服务的提供者在很大程度上决定了服务的品质，就算是同一位服务人员提供的服务也会略有差异。

2015年我去杭州出差，朋友请我吃饭，用餐期间我们都表示对这次见面的珍惜，朋友也极为热情地招待我。整个过程中，很明显我们的重点不是用餐而是聚会，这次聚会一直烙印在我的脑海中，因为那天的餐厅服务有这样一个惊喜：服务员在上菜时，餐盘上用巧克力酱写了一行字"晚上好纪亚飞"（图1-6），精致的摆盘、亲切的文字，让晚餐成了我和朋友的珍贵记忆，我的手机换了几次，而这张图一直都用心保存着。

图1-6

差异性可以带来惊喜，但若使用不当也可能惊吓到客户，因此我们需要规范的操作手册、严密的服务流程和科学的服务管理，尽量减少服务的差异性。

（三）时间性

服务不能贮存，不能如物质产品一样提前制作储存等待销售，具有时间的限定性。客户服务的生产和消费同时发生，客户往往也会参与服务，或通过与服务人员合作，积极地参与服务过程，来享受服务的实用价值。这一特点，也让服务过程充满不确定因素。

因此，在服务培训及管理中，建立严密的管理模型和有效的培训制度就尤为关键，一方面，可使服务中的各种状况都能够有清晰的解决方案；另一方面，也可让服务人员能够有信心、有能力去处理服务中的复杂状况。

（四）参与性

服务是一个双向行为，一般情况下都会有客户的参与。因此，时时关注客户的感受就显得尤为关键。

关注客户的感受，及时引导更好的服务趋向，这就是服务的参与性，不做冷冰冰的服务提供方，而是和客户良性互动，创造更好的服务体验。

2022年北京冬奥会的顶流"冰墩墩"就为我们展示了良好的服务互动性。2022年2月21日，随着北京冬奥会圆满落下帷幕，日本电视台记者辻岗义堂（自称"义墩墩"）启程回国，他是"冰墩墩"的超级粉丝，在电视台连线节目中，"义墩墩"以中国风的方式敲锣告别，用中文大喊"再见，北京！"令他意外的是，在直播中"冰墩墩"悄然出现在他的身后，"义墩墩"看到后兴奋不已，尖叫着奔向"冰墩墩"。而"冰墩墩"知道大家很喜欢它的"卡门"造型，因此这次它又是"卡门"出现，以至于很多网友和观众都大喊"能不能不要只给'冰墩墩'开半扇门"。这一次的惊喜向世界传递了中国的开放、热情和友好，诠释了最好的服务精神，"冰墩墩"的社交礼仪绝对满分。

二、服务礼仪的特征

欣欣向荣的服务精神，与时俱进的服务礼仪，让客户恰到好处地喜欢和信赖，始终提供正面积极的服务氛围，是未来服务竞争力的关键所在。"一起向未来"是2022年北京冬奥会的口号，同时也是时代的精神，服务需要正面、积极，传递正能量，体现"欣气质"。在这个快速变化的时代中，我们感受到的是滚滚向前的力量，服务也需要顺应时代，创造正面体验。

新时代服务礼仪应具有以下特征：

（一）正面积极

在有能力的时候竭尽全力为客户提供正面的服务感受，无论个人形象还是服务态度，无论是表情还是举止都呈现出"我愿意为您服务"的气质。

张先生带着父母来到一家位于北京长安街上的酒店，因为父母最大的愿望就是看看北京天安门，所以这次他特意带父母住到这家酒店。这里的早餐餐厅窗口位置能够看得到长安街、红墙、琉璃顶和蓝天。父亲坐在轮椅上，母亲的步伐也已经不再矫健，他们一行三人进来，就直奔窗口的方向，但很遗憾，那里已经满员，张先生对服务员表达了自己的期望，很快他就看到三位服务人员一起齐心协力为自己和家人创造出了一个可以看得到所有风景的餐桌。

不仅如此，服务人员对他们殷勤备至、热情周到，他们亲切地称呼着

"叔叔阿姨",那语气仿佛就是自家亲戚,并主动向他们推荐适合的食物,为他们安排轮椅的位置、安排食物饮品、提供用餐服务……

三人离开餐厅时,父母一个劲地说"满足了,满足了,谢谢",这样的场景令餐厅里其他客户也感觉特别温暖,对服务人员赞不绝口。

这就是积极的态度创造的积极服务感受,而这种感受会传递给整个空间,传递给更多的人。

(二)与时俱进

服务礼仪在服务中的具体体现:把握与时俱进的时代脉搏。微笑服务已经不再奢侈,而是成为服务中的基本配置。

由于新冠肺炎疫情的影响,微笑服务也在发生变化,很多行业的服务人员在佩戴口罩时,会在口罩上贴一个笑脸贴纸,甚至还有些企业定制了"微笑"口罩以此来向客户表达:"即使口罩遮住了我上扬的嘴角,我也希望能将温暖的微笑传递给您。"同时,人们问候致意的动作也发生了改变,"握手礼"不再是常见通用的礼节,中国传统礼节"拱手礼"越来越受到欢迎,因为它既能得体地表达尊重,又给予彼此安全的距离。在很多场合我们还看到了新的致意动作:"碰肘礼""碰手礼""碰肩礼"等。问候致意动作虽然有了变化,但表达问候致意,传递真挚情感的内核并没有发生改变。

服务礼仪会随着时代的发展而发展,随着客户需求的改变而改变,并非一成不变的规定,唯一恒定不变的是服务礼仪中"尊重"这一主题。

德国著名哲学家黑格尔曾说:"传统并不仅仅是一个管家婆,只是把它所接受过来的东西忠实地保存着,然后毫不改变地保持着传给后代。它也不像自

第一章·服务时代，礼仪相彰

然过程那样，在它的形态和形式的无限变化和活动里，永远保持其原始的规律没有进步。"

（三）规范灵活

服务企业的礼仪要保持一定规范，这样可以最大化减少服务的不规范，保持相对规范，可使服务有章可循，适度灵活，而这个灵活是指：适合客户。银行、酒店、保险、电信、航空、铁路等行业不能实行一模一样的礼仪规范，每个企业需要根据自己客户的实际特点综合分析，设计出适合本企业的礼仪规范。礼仪的核心是不变的，但是具体规范却要适应企业实际特点。

2021年北京环球影城开园（图1-7），它的规模为全球最大，几乎所有环球影城的经典项目这里都有，令人意外的是：开园以后变形金刚基地的"威震天"凭借"话痨"属性迅速走红，在各社

图1-7

交平台上都可以看到它与游客互动合影的短视频，甚至有许多网友去环球影城只为一睹它的风采。"威震天"更是被网友称为"社交无敌症"王中之王。无论面对什么样的游客，它都可以应对自如，金句频出引发现场阵阵欢笑，也收获了大量网友的喜爱。这背后折射的是"威震天"扮演者的服务意识和针对性服务技巧——不过分拘泥于语言结构，而是更多地采用网络化语言与观众充分互动。相信在这背后，需要做精心的准备：不断进行语言储备，构思新的互动方式……一方小小的舞台上，"威震天"周而复始地与游客合影互动，灵活的背后是积累，欢乐的背后是付出。这也是独属于北京环球影城的服务方式。

（四）便于应用

"礼者，敬人也。"这是礼仪的精髓。礼仪不是高高在上的讲义或图画，不是玄妙的理念、复杂的技术，而必须是切实可行的、在人们生活和工作中约定俗成的规范，它体现在服务人员的言语交流之中和举手投足之间。因此，服务礼仪只有先获得服务人员的认可，才有可能正确规范地实施，并带给客户愉快的感受，受到客户欢迎。

礼仪不是为了给每个服务人员带上枷锁，相反，它能够帮助服务人员梳理工作程序，使工作更加流畅。因此，服务礼仪应该符合每个企业的实际情况，切实可行，并且让客户和服务人员感到舒服自然。

服务礼仪需要在不断总结的基础上，探索和研究客户的心理需求，创造出始终符合客户需求的礼仪规范才能够被客户喜欢并接受。

关注服务礼仪已经成为提升服务品质的重要途径，同时也是使顾客感到倍受尊重的有效方法，从而达到客户关系和谐、彼此尊重的目的。

第三节
新时代的服务标准"心"维度

一天中午，王女士来逛商场停留在一家服装专卖店，销售员马上过来打招呼："您好，请问有什么可以帮您？"通过询问得知，王女士是想给家里老人买一件衣服，但不知道具体尺码，不过身材跟店内男销售员差不多。服务人员马上热情地和王女士说："如果和我差不多的话，我可以帮您试一下，您可以做一个参考，而且我们这边的退换货是非常方便的，给老人买衣服，穿着称心合适最重要，您可以放心购买，如果尺码或者款式不合适，您可以随时拿回来退换。"销售人员非常耐心地一件件试穿，考虑到老人喜欢穿着宽松，销售人员特意每次试穿后都给王女士看一下余量，这让王女士感觉很贴心，不仅如此，销售人员还一个劲儿地说："没事，您想看哪款，我多试试，满意最重要。"

为客户解决实际问题是服务人员的首要责任，在日常接待客户时要尽自己的能力为客户解决实际问题，将心比心的服务最具有打动人心的力量。很多时候技巧会被看透，唯有用心的服务才能真挚动人。

在瞬息万变的新时代，产品可以模仿，服务却不能随意复制，想要在市场上占有一席之位，服务的好坏直接影响着消费者的选择。从很多知名企业的经营理念中，可以清晰地看到服务的重要性，如：海尔公司的经营理念"先服务，后制造"，麦当劳的服务标准"Q、S、C＆V原则[Q是Quality（品质）、S是Service（服务）、C是Clean（清洁）、V是Value（价值）]"，格力电器的服务理念"您的每一件小事都是格力的大事"。用心做好服务已经成为服务型企业的共识。

一、服务的"心"含义

我们可以通过深入解析"服务"一词的英文"SERVICE"，体会什么是诚恳用心的服务。

S：smile 即"微笑"，是员工要对每一位客户提供微笑服务。

E：excellent 即"出色"，是员工要将每一项微小的服务工作都做得很出色。

R：ready 即"准备好"，是员工具有良好的服务意识，要随时准备好为客户服务。

V：viewing 即"看待"，是员工须平等地看待并尊重每一位客户。

I：inviting 即"邀请"，是员工在每次服务结束时，都要真诚地邀请客户再次光临，特别是迎宾员在送宾语中的情感含量。

C：creating 即"创造"，是员工要精心创造出使客户能享受其热情服务的氛围。

E：eye 即"目光"，是员工始终要用热情好客的目光关注客户，预测客户的需求，并及时提供服务，使客户时刻感受到服务人员在关心自己。

二、客户服务的"心"维度

从心出发，注重从客户的感官体验、认知变化、情感特性去设计服务产品，形成流程顺畅、服务自信、感受到尊重的特色服务。

（一）"首问"思维

"首问"思维即首问责任意识，是建立"从我开始到我结束"的服务思维，服务需要讲究效率，如果一项服务需要找不同的人解决，一项服务需求反复提出，客户的耐心和友好会被消耗殆尽，原本顺畅的服务关系也会因此变得紧张。

"首问"思维的具体要求是：

1. "首问"之责任

只要是我第一个听到客户咨询，我就会负责到底，即使并非我职责范围内的服务，只要与我们企业有关，我就有责任来接受并负责。有咨询就有回应，有投诉就有解决。不推诿、不拒绝、不搪塞、不拖延，向速度要效果。

2. "首问"之速度

第一个接收到客户有关服务需求的人，负责解答客户疑问，安抚客户情绪，积极处理客户事项。迅速快捷是让客户满意的关键所在，听到服务需求，有能力解决要快速处理，个人职责范围内无法立刻解决，应迅速与有关部门协调，不能现场解决的事项，要尽可能在客户面前协调，或引导客户到相关部门，并且在协调前告知客户处理方式，协调中告知客户进行步骤，解决后要确保客户满意。让客户始终了解事项进展，让客户始终有对话渠道。

3. "首问"之流程

服务需要多部门协调响应，因此应具有顺畅的流程、相应的制度，以确保这不是一个服务口号，也不能让第一个听到客户需求的服务人员无从做起，有制度和流程做保证，服务才能够得到有效实施。

"首问"思维也同样适用于客户投诉，这是一种有责任感的服务项目，既体现了工作人员的服务素养，也体现了企业的服务制度。第一个听到客户投诉的人，也要以负责到底的精神解决问题。

（二）"服务圈"思维

服务是一个完整的感受圈。

客户来到超市，第一个遇到的是停车管理员，清晰明确的停车位置指引，给客户留下了良好印象，客户顺利停好车找到电梯来到超市入口，遇到第二个人，他温馨地提醒客户扫"健康码"，并将一辆购物车双手推给客户，进入超市开始购物，选择家庭所需物品，在蔬菜区客户选择了一些绿叶菜，他装袋后打算称重，遇到了第三个服务人员，他把蔬菜袋一一递过去，工作人员说"别都堆在这里，称完一个拿一个，这样都乱了"，语气透着不耐烦，客户想要发怒，想想进来遇到的工作人员都很专业热情，就沉默着等待，按照他的指令，称一个放一个在柜台上，不过内心感觉很憋屈。推着车离开，客户来到冷柜区域，想买些速冻水饺和馄饨，这时，他遇到第四位工作人员，一位水饺品牌促销员走过来热情地向他推荐新出的品种，并介绍优惠力度，客户很满意打算购买，刚要打开冷柜挑选，促销员热情地说"我来帮您，您说要几袋"，并且送给他一个保温袋，接着将水饺妥帖地放进客户的购物车，最后还一直摆手说"您慢走，吃好再来"，客户推着车打算离开，因为速冻食品需要尽快放进冰箱，接着他遇到了第五位工作人员，指引他到自助区域自行结账。蔬菜的价签不够平整无法扫码，他招手示意，第六位工作人员来到他的身边，帮助他手工输号，完成了结账付款。推着购物车往出口走，客户心情不是特别好，自从在蔬菜区称重带来不愉快的感受，似乎他一直都隐隐觉得这个超市不怎么样，这时，他遇到了第七位工作人员，看到他从扶梯下来，即将到达时，工作人员帮助他扶稳购物车，他笑着说"谢谢"。

这不算一次愉快的购物体验，虽然他没抱怨过，那是因为大部分人服务都很专业热情，但他仍然对蔬菜区称重员的行为感到不满，不耐烦的语气、粗暴的命令都给他留下了不好的印象。服务就是一个圈，在这个服务圈中客户有可能遇到的每一个人，都会影响服务质量，尤其是某个环节中的不好更容易被放大成为深刻印象，甚至决定最后整体的服务印象。

"服务圈"思维提醒我们：服务不是某个人做好就可以，而是需要全员都具有服务意识，并且每个人都需要为服务质量负责任，否则一个环节的不愉快感受，很容易影响下个环节的服务质量。身在服务企业，我们都要注重服务品质。

（三）"同频"思维

从事服务工作，需要有更开阔的思维角度。我们的客户在做服务评价时，他的依据来自他身处环境的大部分服务感受，也就是说，我们需要和客户的生活范围圈服务品质同频。客户经常去的银行、酒店、餐厅、商场都是他的服务感受评价圈层，需要尽可能同频，服务工作者需要知道，激励我们进行服务创新的不仅仅是同行，还有可能是其他行业，比如，微笑服务最早是在酒店和航空公司被客户喜闻乐见，但很快甜品店、银行、电信等行业都开始提倡微笑服务。再如，最早是在餐厅等候区可以获得柠檬水、虾片等免费食品，后来在很多服务场所，只要等待就有了这样的"标配"。

服务的提升和创新需要广度，不局限于所处行业的标准，而是博采众长，别忘了，客户一直在体验，就一直会有更新的服务感受和需求，我们需要不断追逐，这不也是服务创新的乐趣吗？

（四）"五心"服务

每天要面对形形色色的客户，服务对于我们而言，不仅是面带微笑、文明有礼，还要捧出五颗心：热心、细心、耐心、专心、爱心。工作中热心地根据客户的需要提出建议，细心地进行正确引导，专业地以娴熟的技术，使客户获得最及时、最正确、最安全、最方便、最快捷的帮助，唯有用心才是永恒的标准。

K22是一家创意酸奶店，有三种特色酸奶，也很专注于这三种酸奶产品。每一次去都需要排队，但吴小姐觉得排队时间也不是百无聊赖，这家店铺的购买凭证是一张长长的纸条，上面写着：

亲爱的兄弟姐妹们，您正在阅读的是我们饱含诚意亲手打出的一段话，共621字，预计阅读时长为52.2秒。我们拥有专业的团队，挑选极致的优质原料，研发了100多款饮品，我们否定了其中的99%，为的就是让您喝到最有惊喜的一杯。于是就有了现在的"一杯有料的15颗草莓的酸奶草莓""来自墨西哥牛油果的酸奶牛油果"和"大杯里有大芒果"的酸奶芒果，我们精简了产品线，只为更好的选择……

纸条的末尾是一句承诺"任何不满意，当日免费退换"。每次吴小姐都认真阅读，这里面有创业的激情，有对品质的把控，也有郑重的服务承诺。排队等待似乎就是那么理所当然，好品质需要有耐心，长长的队伍似乎也说明了这一点，产品质量和服务品质都是客户的需求。

用心做服务，服务更动人。新时代，我们的服务标准也需要有"心"维度，因为客户体验过很多服务后，会更加不容易被打动，而服务工作就是要不断挑战自我，智慧用心的服务标准设计才是未来的服务趋势。

第四节
新时代的客户需求"馨"思路

"宾至如归"是多年来始终被追求的服务效果,让客户拥有像在家一样的舒适感、如同家人一般的愉悦感,我们需要打开"馨"思路。所谓高大上有时不过是一时的目光感受,而服务不是瞬间行为,在整个服务过程中温馨的感受才是最为动人的。

节假日是高女士最喜欢看直播的时候,她喜欢天猫超市的主播"天猫精灵"。有人喜欢天猫精灵的真实感,有人喜欢和天猫精灵聊家常,高女士则喜欢天猫精灵永远温柔的声音和温暖的问候。每当有人进直播间,天猫精灵会第一时间说"感谢宝宝来我的直播间"。说实话"宝宝"这个称呼,她只喜欢听天猫精灵这么叫,有时看到一个中年男人称呼客户"宝宝",她会起鸡皮疙瘩。直播间里没有真人,这里的主播就是天猫精灵,所有的提醒都是文字字幕,很符合高女士的性格,天猫精灵不过分打扰,也没有喜怒哀乐等情绪,永远都是开心洋溢的话语,她购物时也感觉格外温馨舒适。

王先生进入那家每次出差都要住的酒店,准备办理入住,他刚走到服务台还没等开口,前台就主动微笑着把打印好的登记卡递上来请他签字,并轻声称呼他的名字，王先生感到很意外，因为酒店对他留有印象，使他产生一种强烈的亲切感，让出差如回家一样，一句"王先生"让他顿时产生了强烈的被尊重感，显然熟悉的老客户，真的不希望每一次都要重新介绍自己，被记得的感觉特别棒。

何为打动人的服务？从心理出发，更容易找到答案。

马斯洛需求理论（图1-8）：马斯洛提出人的需求是一个从低级向高级的发展过程，这在某种程度上是最符合人类发展的一般规律的。

第一级是基本需求：食物、水分、空气、睡眠的需求等。它们在人的需求中最重要、最有力量。

第二级是安全需求：人们需要稳定、安全、受到保护、有秩序等，这样能免除恐惧和焦虑等消极情绪。

第三级是情感归属需求：一个人需要与其他人建立情感的联系或关系，如：结交朋友、被人需要。

第四级是尊重需求：马斯洛将这一需求分为两类：

- 尊重自己（尊严、成就、掌握、独立）
- 受到他人的尊重（例如地位、威望）

第五级是自我实现需求：人们追求实现自己的能力或潜能，并使之完善。

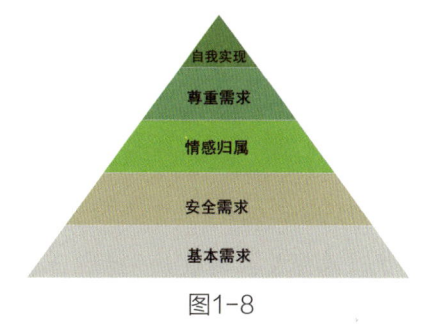

图1-8

客户的身份地位、性格职业不同，表现出来的服务需求也不尽相同，温馨的服务需要更多的智慧。有的客户不喜欢被过多打扰，目光对视看到服务人员的笑脸就感觉很温馨；有的客户热情主动，能够和服务人员自在聊天获得热烈回应就感觉如家人般温馨；有的客户喜欢主动殷勤的服务，能够多一些对他们的语言和行为关注，客户就感觉很温馨。因此，为客户提供温馨服务需要多用脑、多思考、多观察。

我们提供的服务思路，可以是：

一、"因需而动"的服务

充分了解客户的需求，把握不同客户的不同心态，才能够提供给客户满意的服务。

某银行客户经理张女士，针对不同层次、不同需求的客户，都会给予不同的服务和帮助。每当老年客户临门，张女士会主动迎接，给予他们真诚的微笑，指引到厅堂的敬老爱心座椅上，并会为他们送上一杯茶水。她合理安排老年客户优先办理，减少他们等待的时间，在老年客户提出各种业务问题时，她总是不厌其烦地解答他们的疑惑，直至他们完全理解。

一天，到了银行临近结束营业的时间，王大爷夫妇慌忙地走进大堂，见此情况张经理热情地接待了他们，询问他们焦急的原因。原来当天是网上银行兑换礼品的最后一天，王大爷老两口在家兑换总是不成功，所以急忙赶到网点寻求帮助。张经理一边安抚王大爷，一边用银行内的电脑为其尝试兑换，但始终无法登录。王大爷刚刚稳定的情绪又再次焦急起来，张经理耐心地帮助王大爷回忆在家的操作步骤并一个一个地排除不成功的原因，确定原因后问题解决了，王大爷兑换到心仪的礼品，开心不已。

张经理极其耐心地服务，没有因为快下班了而着急，也没有因为是小事就不屑提供帮助，这样的服务不仅让客户感受到了归属感，还让客户感觉得到了极大的尊重。

观察客户的真实需求，敏锐地察觉服务机会，耐心地提供可靠的服务，这一切的基础是了解客户的需求，关注客户的服务需求和情感需求。

二、"随心而动"的服务

银行大堂，有一位手捧鲜花的客户径直走向大堂经理，这一举动引来其他客户的关注和好奇。为什么会送花给大堂经理？原来客户此前因为孩子升学着急购置二手住房进行落户，在业务办理和交易过程中，由于特殊原因和沟通不畅几经周折均未有进展，只得情绪低落地坐在大堂。值班的两位客户经理见状，立刻上前，一边为客户端来热茶，一边宽慰他，并从专业的角度帮助客户分析原因。随后，两位客户经理多次主动与中介、卖方沟通，疏通不畅、理顺流程，并为该客户申请了绿色通道，加快业务进度，最终在规定期限内放款，使该笔交易顺利完成。

服务人员设身处地为客户孩子"入学"一事担忧，急客户所急地协助各方沟通，想客户所想地积极办理业务，客户在为事情顺利解决而感到开心的同时，也更多地感受到了工作人员的真心。

身为服务工作者我们需要具有换位思考的能力，在服务中我们要试着把自己放到客户的角度去思考问题。

在上述案例中，两位经理始终贯彻"以客户为中心"的服务理念，积极打造满足客户需求、保证客户满意的服务品牌，时时处处把客户的愿望、需求、权益放在心上，"急客户之所急、想客户之所想"，用同理心打造了最有"温度"的服务文化。

三、"顺势而动"的服务

王女士打车到餐厅和朋友聚会，餐厅是临街店面，车刚停稳，迎宾服务生便帮忙打开车门，确认是到此处用餐后，马上在用餐排号卡背面写上出租车车牌号，并双手递交给王女士，以便有疑问时可以随时找到出租车车主，还不忘提醒她拿好自己的随身物品，这种细微体贴的服务让王女士倍感欣慰。

新时代，各行各业都崇尚服务为王，标准化服务、个性化服务、细节服务、贴心服务等是有形产品的重要补充，也是客户对餐厅、酒店的关注焦点。

服务水平的优与劣直接关系到客户对餐厅、酒店的满意度，也决定了餐厅、酒店的市场竞争力和后期的经营发展。

比如，客户请朋友吃火锅，火锅店的菜品普通、价格偏高、服务员的态度也一般，相信客户这顿火锅吃得不会很满意，不管客户的朋友会不会太介意，但可以肯定的是，客户以后不会再来这家体验感不好的火锅店吃饭了。相反，如若是一家菜品好、价格优惠、服务态度很棒的餐厅，客户一定还会带朋友再次光顾。

有的服务企业是以"无微不至的服务"而被客户高度认可的，而有的服务企业提出的口号恰恰是"服务不过度"，也同样赢得了客户的赞誉。因为不同企业有相对不同的客户群体，又或者说服务需要适应不同客户的心理需求。有时你和家人聚会就喜欢去服务殷勤细致的餐厅，哪怕服务人员很不见外地参与到家庭中的聊天你也不会介意，甚至觉得很热闹、很开心。但有的时候你与朋友相聚，可能就喜欢去服务温馨但有节制的餐厅，每项需求都能得到回应，但不会被过度打扰，让你和朋友拥有充分的安全空间。

肖女士一个人去喝咖啡，当日公司有一些文件需要用手机进行处理，坐在咖啡桌旁她一直低头忙碌，偶尔端起咖啡品尝一下。因为公司的事情很紧急，而她正好没带电脑，用手机制作文件很不方便，她需要高度集中注意力去完成文件的格式调整等内容，而受手机屏幕的限制，她需要一直放大、确认、再制作……直到完成，她严肃的表情才渐渐舒展，一抬头她惊讶地发现，不知道什么时候她对面座位上摆了一只大熊，大熊一脸孤独而无奈的表情，乖巧地坐在沙发上陪她喝咖啡，她突然感受到一种羞辱，她又不是失恋也不是失业，她只是需要找个地方安静地处理一下文件，这种陪伴是安慰吗？还是让其他客户嘲笑？她一言不发走出了咖啡店，一分钟也不想停留。

在为客户服务的过程中，客户对不同的服务形式，会展现不同的情绪变化，学会观察体会，自然就了解客户真正的需求了。

顺势而动是根据客户的服务感受提供针对性的服务行动，不同年龄、身份、性别、学历、性格的客户对服务有不一样的想法和要求。

有些老年人喜欢聊天，甚至喜欢握住你的手热络地聊天，多一点服务，多一点照顾，老人会格外喜欢这样的热情服务；有些人在聚会或是过生日时，特别期待有一些惊喜，一碗长寿面，甚至赠送一盘水果，都会让客户感觉锦上添花；有些商务客户，彼此有事项需要沟通，少一点打扰，保持观察即可；还有的客户需要一些私人空间休息或放松，多做事少讲话就是很好的服务；身为服务人员，需要的不仅仅是规范的服务程序，还需要用智慧的目光多一点观察，所谓"温馨"服务绝对不是服务内容多多益善，而是像关心家人一般去主动观察客户的状况，提供恰到好处的个性化服务。

"用心服务，感受温馨"，这是一份沉甸甸的责任，更是一份坚定的信念和永恒不变的使命，也应该是服务工作者一直为之努力的目标。

第二章

职业形象，与时俱进

第一节
赢得信赖的服务形象

当今客户走进任何消费场所，与其说是为了买产品，不如说是为了买服务。几乎所有成功的大型企业，均以追求优质的服务为目标。因此，塑造良好优质的服务形象是赢得客户信任的前提，也是树立品牌形象、提升竞争能力的关键，甚至关乎着企业的前途与命运。

一、内在服务形象

（一）企业文化

优质服务来自正确的企业经营理念，即以为客户提供优质服务为荣的理念。

"海尔"的服务意识是极高的，集团在"高标准、精细化、零缺陷"的星级服务战略目标确定之后，又确定了"向服务要市场""靠服务创国际名牌""靠服务拓展国际市场""靠服务驱动产品创新"的二次创业思路。为了保证服务与企业的总体机制、整体精神和战略目标相一致，保证星级服务的连续性、有效性，"海尔"推出了服务"一、二、三、四"模式：

一个结果：服务圆满；

两个理念：带走客户的烦恼，留下"海尔"的真诚；

三个控制：控制服务投诉率、控制服务遗漏率、控制服务不满意率；

四个不漏：一个不漏地记录客户反映的问题，一个不漏地处理客户反映的问题，一个不漏地复查处理结果，一个不漏地将处理结果反映到设计、生产、经营部门。

客户的要求有多少，"海尔"的服务内容就有多少；市场有多大，"海尔"的服务范围就有多大。在这种国际星级服务的实施标准下，"海尔"系列产品的市场份额不断扩大，企业形象更具稳定性。

（二）服务态度

优质的服务是从优良的服务态度开始的。良好的服务态度，会使客户感受到亲切、真诚。优良的服务态度主要有以下五个方面：

1. 认真负责

无论事情大小，都会认真地为客户办好，无论困难与否，都会给客户一个满意的答复，把解决客户之需作为工作中最重要的事情。

2. 积极主动

掌握服务工作的规律，自觉把服务工作做在客户提出要求之前，要有主动"没事儿找事儿"、力求客户完全满意的思想意识，做到处处主动、事事思考、助人为乐、随时随地为客户提供方便。

雷先生这顿早餐吃得特别满意，当他在自助餐台看到有两种火候的培根时，欣喜不已，他比较喜欢口感焦脆的培根，但是每次出差在酒店都需要碰运气，有时会碰上略焦的培根，但更多的时候酒店提供的都是湿乎乎的煎培根，他不太喜欢，而据他的观察，大家好像也都比较喜欢煎得没有明显水分的培根。这一次绝对惊喜，早餐的种类大致齐全，不算特别多，但每种都有让人愿意入口的欲望，每种类型都凝聚了酒店方巧妙的心思，如同这两种并排摆放的培根，让人们多了一种选择。在商务区附近的酒店，早餐中煎蛋、培根、麦片、切片面包需求量比较大，如果这几样食物令人满意，似乎就能帮酒店赢得人心，而这需要积极的服务精神。

3. 热情耐心

接待客户面带笑容、态度和蔼、语言亲切、热情诚恳。在客户面前，无论服务工作有多繁忙、压力有多大，都要始终保持不急躁、不厌烦，镇静自如地对待客户，处理事情。客户有意见时，要虚心听取，客户有情绪时，要尽量接纳，坚决不与客户发生争吵、矛盾，要严于律己，恭敬谦让。

4. 细致周到

善于观察，懂得从客户的神情、举止发现客户的需要，正确把握服务的时机，服务于客户开口之前，效果超乎客户的期望之上，力求服务工作完善妥当、体贴入微、面面俱到。

5. 文明礼貌

有较高的文化修养，语言健康、谈吐文雅、衣冠整洁、举止端庄，待人接物不卑不亢，尊重不同国家、不同民族的风俗习惯、信仰和忌讳，工作中要随时随地表现出良好的精神风貌。

（三）服务质量

2022年1月，冬奥会开幕前夕，北京市民都收到了这样一条短信："交管部门提示：奥运专用道已于1月21日启用，希望广大司机朋友主动

第二章 · 职业形象，与时俱进

为冬奥交通让出专用车道，礼让冬奥保障车辆，展现'双奥之城'热情好客、文明守法良好形象，为冬奥会的成功举办提供交通保障。感谢您的支持与配合"（图2-1）。

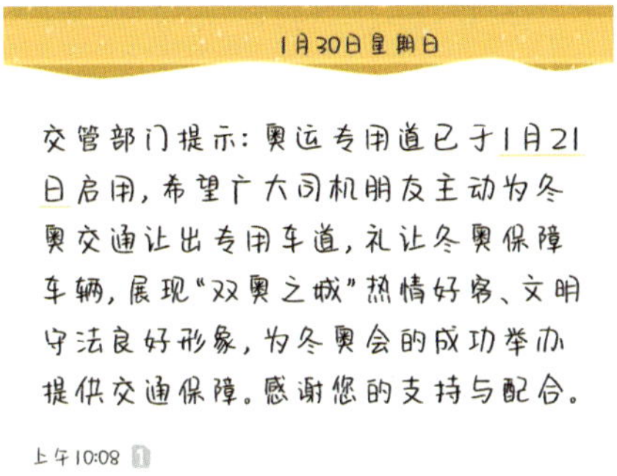

> 1月30日星期日
>
> 交管部门提示：奥运专用道已于1月21日启用，希望广大司机朋友主动为冬奥交通让出专用车道，礼让冬奥保障车辆，展现"双奥之城"热情好客、文明守法良好形象，为冬奥会的成功举办提供交通保障。感谢您的支持与配合。
>
> 上午10:08

图2-1

这样的温馨提示，在冬奥会前夕、中期和每个关键节点时，北京市民还收到过很多。北京市交管部门启动"1+1"一体化交通保障模式，在涉及开幕式的交通管制路段的相邻路段，增设疏导岗位，实施远端分流，力争让赛会交通和社会交通和谐运转，在保证赛会交通万无一失的前提下，尽量减少对社会交通的影响。

冬奥会服务有保障，高标准的服务质量为冬奥会贡献力量。内在的服务质量是确保服务合格的关键所在，也是服务的核心。

二、外在服务形象

刘女士女儿刚开始学围棋，想到一家专业的培训机构系统地学习。她们去了几家口碑差不多的培训机构，最后选中了其中一家棋社，选择的理由就是因为第一次登门时，负责接待的老师彬彬有礼、笑容满面，在通往教室的走廊中总能见到笑容可掬、穿戴整洁统一的老师，最后彻底打动她们的除了老师们的专业，还有一个小细节，在试听课中老师每次指导孩子的时候都会蹲下来，在孩子的椅子旁细心指导，良好的形象和细致入微的服务给刘女士和孩子留下了极好的印象，她们从销售人员和老师的专业形象中仿佛感受到了老师们的围棋水平,孩子说"妈妈,我觉得这里的老师水平很高",刘女士也说"是的,感觉很专业"。良好的形象给家长和孩子创造了更多联想:关于老师的教学能力、关于机构的专业化程度、关于机构的长久性等。

著名的心理实验:关于人类获取信息的来源,即人类获取信息主要通过哪些途径。科学家通过大量的实验证实,人类获取的信息83%来自视觉,11%来自听觉,3.5%来自嗅觉,1.5%来自触觉,1%来自味觉。

服务人员的职业形象,是服务人员的仪容、仪表、仪态通过客户的视觉、听觉、触觉、嗅觉各个感觉器官,在客户大脑中形成的关于服务人员的整体印象。人的意识具有主观能动性,客户对服务人员形象的良性感知,会对后续服务过程产生积极影响;反之,客户对服务人员形象的不良感知也会对后续服务过程产生消极影响。那么,对服务人员的外在服务形象到底有哪些要求?

(一)着装统一

在大家的印象里,总会觉得空姐都非常漂亮,无论是举手投足、还是一颦一笑都很美。这当然与她们经过严格的筛选和受过专业的训练密切相关,可是每位空姐真的都长得很漂亮吗?当然不是,她们之中也有长相普通的人。那么,为什么她们会给人留下十分漂亮的印象呢?答案就是着装统一。

放眼望去,无论是哪家航空公司的制服,无论是什么色调与款式,只要空姐穿着统一,都无一例外很好看。这样统一着装,既让人赏心悦目,又不失端庄与稳重(图2-2)。

图 2-2

（二）仪表整洁

只要拥有统一的服装就可以达到服务形象的标准了吗？远远不够，我们想象一下，如果只是统一的服装，但上面充满了褶皱会好看吗？当然不会！所以，航空公司的着装要求中明确规定，"服装整洁无褶皱，衣扣结实"，丝巾的佩戴方式也是统一的，整洁与否一眼可见（2-3）。

（三）穿着规范

过度个性化的着装并不适合服务行业，着装统一、穿着规范是体现稳定服务品质的关键要素。越统一越专业，个性化的着装会造成着装品质和审美的不一致。服务行业统一的制服往往经过层

图2-3

层筛选，符合大众审美和服务行业的通用标准。同时必须规范穿着，比如男士的衬衣必须系进腰带，衬衣的袖子不能撸起来、挽起来，而是规范地系好袖扣；换季时需要统一穿短袖或长袖衬衣，而不是按照自己的体感选择。

服务形象常常会给客户带来关于产品质量的联想，统一规范会传递出产品可靠可信的感觉。同时统一规范、大方自信的形象也是对别人的尊重和对自己的尊重，无论从事什么职业，都要注重我们的言行举止，尤其作为服务人员，我们的一言一行不仅仅在向别人展现着个人魅力，还代表着企业的形象。

第二节
淡妆轻抹的仪容礼仪

某报社记者刘先生在经过连续几日的辛苦工作后，终于圆满地完成了一项重要的采访任务，他与两位同事打算庆祝一下。当他们来到餐厅时，接待他们的是一位五官清秀的服务员，服务员的接待服务工作做得很好，但是她面色苍白、无精打采，在餐厅昏黄的灯光下显出病态，刘先生瞬间就没了刚才的好心情。上菜时，刘先生又发现上菜的服务人员涂的指甲油缺了一块，当下他的第一个反应就是"不知是不是掉入我的菜里了？"但为了不惊扰其他客人用餐，刘先生没有将他的疑惑说出来。餐厅服务员的长发盘在一个发网里，貌似很整洁，但很多碎发散落在发网外，作为一个文字工作者，刘先生很注意观察细节，这也是记者的基本素养，而这家餐厅员工的服务形象，怎么看都让他觉得饭菜的卫生质量堪忧。

看来服务人员不注重或过度注重自我的仪容仪表都会影响服务质量。

一、淡妆轻抹的职业意义

"仪容"通常是指人的外观、外貌，重点在人的容貌，它既包括天生的相貌，也包括后天的修饰美，更包括内在美，通过努力提高自己的道德水平、艺术修养等，都可陶冶情操，使自己变得秀外慧中，表里如一。真正意义上的仪容美，应当是自然美、修饰美加内在美三方面的高度统一。而"仪表"重在人的服饰，它来源于服务人员在不同年龄、体型、职业和不同场合下和谐的穿搭，给人的美感。

仪容仪表同样重要，服务人员容貌干净整洁、妆容适宜、着装规范，这些从企业的角度来说就是企业文化及形象的展示；从客户的视角来看是令客户在互动中产生信任感、愉悦感的基础；从服务人员个人的角度来说是增加自信的砝码，是开启一天新工作的仪式感，服务人员要在心里告诉自己：上好妆就要拿出良好的工作态度，预示着一天的工作开始了。

二、清新怡人的仪容礼仪

古圣贤所谓君子，其言谈举止、行动坐卧皆讲仪度，称"君子之容"。凡君子，举止舒迟不迫，体貌闲雅温润。具体而言有"九容"。《礼记·玉藻》："足容重，手容恭，目容端，口容止，声容静，头容直，气容肃，立容德，色容庄。"此为君子容貌之常态。

今所谓仪表堂堂，无外乎是外表、风度看起来端庄、大方、威严，落实到我们服务人员身上，也不外乎是视、听、嗅、触各感官，在客户大脑中形成的关于服务人员的整体印象。

（一）视觉印象

1. 看上去干净

在人际交往中，有句俗语说"近看头，远看脚"，头发处于人体最高的位置，在服务中首先映入客户眼帘的就是头发，所以头发最容易受到大家的关注，由于长短和发型的不同给人的印象也不同，服务人员要勤洗头保持清洁，平日要确保无灰尘、不粘连、不打结、无头屑、无异味等。

2. 看上去整洁

服务人员的头发长度也有相关规定，男士：前不覆额、侧不掩耳、后不及领、面无胡须；女士：前不覆眉、侧无垂发、后无杂发、面带妆容。女士平日还需注意护发养发，梳理头发的时候应当避人（图2-4），不可在公共场所梳头、解开束发，否则有轻浮之嫌。按照常规，服务人员在以下情况皆应自觉梳理：出门上班前、换装上岗前、摘下帽子时，以及其他必要时。这样细致的打理可以使头发看上去既干净又整洁。

服务人员的皮肤状态是否干爽、清透，是否不脱妆等整洁程度，也是客户从视觉上评判服务人员状态的一个标准。所以，服务人员每天至少早晚各洗一次脸，洗脸时应把眼角、鼻孔、口角、脖子、耳朵等细节之处都洗干净。如果工作时间长，中间要及时用面巾纸清洁面部的油脂，做到无灰尘、无汗渍、无泪痕。持妆三小时以上时，一定要确认自己的妆容是否还完整无缺，是否需要补妆。

良好的个人卫生习惯不仅能够有效防止疾病的传播，更有助于服务人员在客户心目中留下良好的职业印象，当客

图2-4

户看到企业中的服务人员都是以干净整洁的形象示人时，就会认为这里的产品品质一定不会差。

（二）听觉印象

服务中，服务人员的话语是否标准、亲切，听上去是否是愉悦的态度，走路声是否轻快，这些听觉上的感受同样会造成客户对服务质量进行主观上的判断。"阿嚏！"一声巨响的喷嚏声，可能就会吓坏正在用餐的客户，他一定会联想到自己的饭菜中是否有口水或细菌。

服务人员应遵守的规则为：不可对着他人咳嗽、打嗝、打喷嚏、吐痰、擤鼻涕，实在来不及避开人时，应立刻转向无人方向，并尽量用纸巾或手帕遮掩，之后立刻洗手，如果没有遮掩物可用，也要及时用手肘遮挡（图2-5）。

（三）嗅觉印象

1. 闻上去清新

语言交流是服务人员与客户的主要互动方式，保证口腔卫生、保持口气清新是服务人员必备的个人素质，因此，在晨起和就寝前必须刷牙，一日三餐之后也须漱口或刷牙，工作时间不可食用生葱、生蒜等有刺激性气味的食物。保持清新的口气除了能给客户带来良好的感觉，对自己来说也是愉悦的源泉。

服务中个人身体上的味道会产生一个

图2-5

"小时空"，走到哪里可以带到哪里，因此，服务人员应勤洗澡，不仅可以去除身上的灰尘、油脂和汗味，还使人神清气爽、精神焕发。除此之外，衣物的干净整洁也很重要，服务人员夏季应当每天洗澡、洗发、更换内衣裤及袜子，有条件的情况下，应将自己的制服、衬衫、手帕等衣物清洗干净、熨烫平整备用。勤换衣物可以避免身体或头发产生令人不愉快的浓重体味，另外，时刻保持全身上下干净整洁，也有助于保持身体健康，预防疾病的发生。

2. 闻上去愉悦

在五感之中，嗅觉是最神奇的一个，所以在一些高端的酒店、会所、餐厅、商场中有一项嗅觉营销，这是一种不同于传统的视觉和听觉的新营销方式，意在将人体的嗅觉挖掘出来，通过嗅觉或使人感觉温馨、心情舒畅，更快地融入氛围；或使人兴奋开朗，形成特别的吸引力、识别力及记忆力。在此基础上，再与视觉和听觉相搭配，可迅速提高服务档次。这种嗅觉上的香味营销，既提升了硬实力，又加强了软实力。

迪士尼乐园的爆米花摊，在生意清淡时，会打开"人工爆米花香味"，不久，顾客便闻香而来。

新加坡航空公司则有自己的品牌香味，空姐身上的香水是特别调制的，是新加坡航空公司的专利香味。

喜来登酒店大堂的香气则混合了无花果、薄荷、茉莉和小苍兰香，让人觉得宾至如归。许多高端的酒店都有自己专属的独特味道。这就是从嗅觉上给客户带来愉悦的感受。

（四）触觉印象

1. 触上去干净

有个笑话是有关服务的，一位餐饮服务人员上菜时略长的指甲及手指浸入碗中，食客看到感觉不适，委婉地说："姑娘，你汤里的手指头不嫌烫吗？"服务员不知原委地说："大爷，不烫不烫，我受过专业训练，不怕烫。"

服务人员每天在服务的过程中，都会伸出自己的双手为客户指引、递交、搀扶等，如果指甲不够干净整洁，在和客户接触的过程中一定会给人留下不良印象。因此，服务人员的手指甲要按照服务岗位的要求，经常修剪，并且不可在公共场所修剪指甲，要在家里或洗手间等私密场所修剪。

服务人员在上班之前、饭前便后、外出归来或者接触脏东西后，都应该用洗手液认真洗手，如果接下来要接触食品，还应进行手部消毒。

2. 触上去温暖

冬日的一天，冯女士走进一家海鲜餐厅，这天室外的温度降到了冰点，早上上班时冯女士就在内心想了无数次热乎乎的海鲜粥，心心念念终于等到午休，一进门服务员笑脸相迎、热情指引，刚刚坐下还没点餐，服务员马上递上加热好的擦手毛巾，冯女士觉得好感动，对比外面的冰天雪地，手中的温暖贴心简直太让冯女士感到惊喜，当然，冯女士对接下来的一切服务都很满意。你瞧，就是这么一条温暖的擦手巾就可以感人心脾。

三、服务场合的面部修饰

服务人员日常的工作妆容应以淡妆轻抹为主,淡妆既能提起精气神,又能保证大方漂亮。在实际操作中,能够把握化妆的"度"是很重要的。

(一)日常化妆的四种境界

最高境界:化妆之后就像没化一样,不露声色地美化了自己,要达到这种境界也不是很难,因为每个人都有充分的时间了解自己的面部特征和性格特点,只要充分了解自己,便可略施粉黛,锦上添花。

第二种境界:化妆之后比之前更漂亮了,这是多数人化妆的目的。

第三种境界:化妆之后把自身的缺陷弥补了,这是化妆的基础要求。

第四种境界:化妆之后反而不自然了,还不如之前,犹如画蛇添足。

(二)日常工作妆的基础单品

修容部位		单品名称
女士	皮肤	妆前乳、粉底液、遮瑕膏、定妆粉
	眉毛	眉笔、染眉膏
	眼睛	眼影盘、眼线笔、睫毛膏
	唇部	口红、润唇膏
	面颊	腮红
男士	面部	电动剃须刀

(三)日常工作妆的步骤

步骤一:妆前乳。在基础护肤后使用,用于弥补肤色不均、暗沉,局部使用能使肌肤得到修饰,使妆面服帖。

步骤二：**粉底液**。用粉底刷或化妆专用海绵蘸取粉底液，在额头、脸颊、鼻子、唇周和下颌等部位，采用拍擦、印按等手法，由上至下，依次将底色涂抹均匀。

步骤三：**遮瑕**。抹匀粉底后看脸上有瑕疵的地方，比如：深色痘印、斑点等，可用遮瑕膏进行遮盖，如没有瑕疵，可省略此步骤（图2-6）。

步骤四：**修饰眉毛**。定出眉头、眉峰、眉尾的位置；从眉头至眉峰颜色由淡到浓，眉峰棱角圆滑；连接眉峰眉尾，从眉峰至眉尾颜色逐渐淡化；眉尾下落稍低于眉头，整体眉形柔和，此为标准眉画法，所有脸型适用（图2-7）。

图2-6　　　　　　　　　　　图2-7

步骤五：**修饰眼睛**（图2-8）。

眼线：服务人员的淡妆可以只画上眼睑，自眼头算起1/3处开始由淡至深，由细渐粗，自然画到眼尾处；

睫毛膏：先将睫毛夹翘，顺着睫毛根部向上，慢慢将每一根睫毛均匀刷上睫毛膏；

眼影：最常见的渐层法，用不同深浅的同一色彩，由上眼睑下方至上、由深至浅渐次画上，可以塑造眼睛深邃的效果。

　　步骤六：修饰唇部。服务人员应选择淡雅的口红，使用前需先用润唇膏，涂抹时从中间至两边涂匀，唇部修饰要注意滋润饱满（图2-9）。

　　步骤七：修饰面颊。涂抹时先微笑提起面颊肌，将少量腮红刷在左右颧骨外侧。面颊修饰要简单自然（图2-10）。

　　步骤八：整体定妆。肤质偏油的女士一定要在所有妆上完之后使用散粉来定妆，否则两三个小时后面部将会反光。最爱出油的T区，一定要用化妆刷仔细扫散粉，这样才能更长久地持妆。

（四）与时俱进的快手妆容

　　随着科技的迅猛发展，人们生活水平的飞速提高，大家在很多事情上都希望省时、省心、省力、高效、便利，例如喜欢吃快餐、看视频快速前进……快捷成了人们生活的主要节

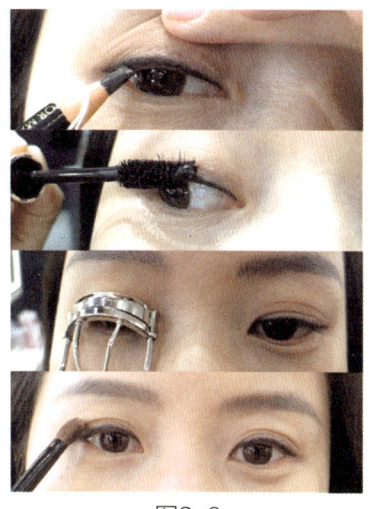

图2-8

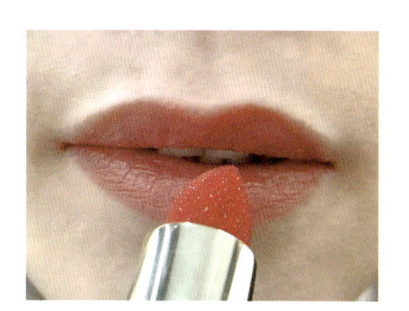

图2-9

图2-10

奏，顺应时代、与时俱进，强烈推荐一个三分钟就可以搞定的上班妆容，在需要应急时可以信手拈来。

基础洗护完成后，秘密武器登场——气垫 BB 霜，因为是湿粉，很好上妆并且服帖，30 秒就可以完成得很好。接着画眉毛，秘密武器再次登场——画眉卡，一般会有几款常用眉形，只需固定在我们的眉毛位置，按照前面的基础妆容画法就可以完成，1 分钟即可搞定眉妆。因为是简妆，接下来只需画个淡唇就可以了，用口红点涂全嘴，手指晕开，小心唇边位置，不要抹出去。涂好唇妆后，秘密武器最后一次登场，记得手指上还有口红，无须浪费，继续点涂在面颊两侧并轻推开，跟口红同色系的腮红就完成了。综上，一款三分钟服务人员元气少女妆容就搞定了！在时间实在不允许时，不妨给自己三分钟试试，只要打好底妆，涂好口红，就绝不会发生像章节开头刘先生遇到的那位服务员那样的尴尬情境。

清新怡人、干净整洁的仪容形象往往能给人春风拂面的愉悦感觉，客户对服务的感受是多维度的，"一身之戏在于脸"，服务人员在为客户服务时，客户第一眼看到的就是脸，并且在沟通中也始终会以尊重的目光注视对方，可想而知大方美观的视觉感受有多么重要，不仅如此，做个爱清洁、爱美丽的人，也是热爱生活的一种表现。

第三节
专业可信的形象礼仪

法国著名时装设计师可可·香奈尔曾经说过："当你穿得邋邋遢遢时，人们注意的就是你的衣服；当你穿着无懈可击时，人们注意的是你本人。"莎士比亚也说过"外表显示人的内涵"。在职场中选拔人才时，除专业能力、职业素养外，还要考察候选人员的职业形象是否与岗位匹配，尤其是那些需要代表公司面对外部客户的岗位。穿着不仅是人们职业生涯的一种道具，更是通向成功之路的一张名片。因此，专业可信的服务形象礼仪，是服务人员的必修课。

在中国古代时，就以服饰的样式来区分不同人的身份。《管子·立政》："度爵而制服，量禄而用财。"汉代贾谊《新书·服疑》："制服之道，取至适至和以予民，至美至神进之帝，奇服文章以等上下而差贵贱。"

各朝代的官服就是标准的"职业装"。据史料记载，官服的正式区分从隋朝末期开始，隋炀帝颁布了一道系统而森严的诏令：官员的衣服需用颜色区分官职品级，五品以上的官员才有资格穿着紫色，五品以下以红绿为主，特别小的官吏只能穿青色。不单是官员，平民的穿着也有要求，商人与屠夫要穿黑色的衣服，普通平民穿白色，军队士兵穿的是黄色的袍子。直到朱元璋建立了明朝，官服的规格达到了前所未有的烦琐程度，他规定只有天子可以在衣服上使用龙纹，这种样式的服装也成为当时皇帝最常穿的。同时，官员们的服饰也进行了较大的改革，颜色上继续遵循唐宋的要求，穿的是红色长袍，内搭白色的单衣。最大的不同在于，朝廷专门根据官员的官阶等级而设计了一系列不同的图案，各以一种动物作为标志，文武分开。文官主要为禽鸟，武官以猛兽为主。可见，职业装在中国的出现和使用源远流长。

正所谓"名不正，则言不顺，言不顺，则事不成"。服务人员想给人留下专业可信的印象，就要从一套专业的制服开始，那么，在制服着装方面都需要注意哪些原则呢？

一、制服的"OGO"原则

"Uniform"在中文中有制服的意思，"Uni"是一种、统一的意思，"Form"是形态的意思，合起来是一致的形态，即制服。制服是同一团体内的人，穿着有规定式样的统一着装。制服穿着遵循"OGO"原则：

O：Occupation 职业

制服又被称为"岗位识别服"，它标志着一个人从事的具体职业，便于人们辨识不同职业或不同团体的成员，如医护人员、军人、警察、厨师、空乘人员，他们的制服能够清晰地表明其身份。

每个职业都有自己特有的制服，从事同一职业的人，我们也可以用制服来区分其归属于不同团体。比如，不同的航空公司、不同的酒店，制服风格不同，代表着不同公司的特点和理念也不同。

G：Grade 级别

在企业内部，制服的款式、颜色可以用来区分工作人员的岗位和职级，如：同为厨师的制服，其帽子的形状与高度、衣扣的颜色与数量，就分别代表了厨师们在厨房的不同身份和级别。

O：Occasion 场合

为满足不同场合、不同岗位的工作需要，需对工作人员的制服进行设计，比如：同一家酒店的服务人员，做后勤、清洁方面的工作就要穿方便、耐脏的工作服，服务于宴会厅的工作人员则需穿与宴会相称的工作服，服务场合不同、工作内容不同，应有明确分别，这样既能满足服务人员的工作需要，又便于客户辨识，在需要时及时找到合适的工作人员。

二、制服的色彩原则

职业装反映了时代的潮流，也成为人们关注的焦点，所以，服务行业在选择制作自己企业制服的时候，一定要更具自己企业的特色，这样才更能展现服务人员的风采。

一般来说，制服在色彩的选择上会使用中性色作为基本色调，如黑、白、灰、藏蓝、驼色、米色等。根据不同的场合、季节、目的，色彩选择应遵循"OSO"原则：

O：Occasion 场合

不同的接待场合，接待人员有不同的着装规范，当服务人员为正式会议服务时，希望给客户留下庄重大方的印象，可选择搭配一套冷色调制服，如藏蓝色、蓝色或者浅蓝色制服，同时配饰也要以冷色调为主。

S: Season 季节

不同季节可选用不同色调的制服，春夏秋冬的季节变化，气温有寒暖冷热的差别，制服的色彩应配合季节的变化。春季适宜浅淡的色彩、高明度的色调，明快而柔和的色感，如粉红、粉绿、粉兰、浅黄、浅黄绿、浅紫等。

在气候闷热的夏日，具有清凉感的冷色调搭配明快的色调，是最适合夏天的色彩，如反射率很高的白色。

秋季气候凉爽，制服的色彩也自然由高明度、高彩度转为中低明度的中间色调，如土黄、灰绿、褐色、深紫等。

在寒冷的冬季，大家都渴望有温暖的阳光，制服色彩走向低明度的暗色调以吸收更多的光与热，如暖色系的红、橙、黄等，或无彩色的黑、深灰与彩度高的红、蓝搭配。

O: Objective 目的

如果想让服务人员通过制服来营造一种融洽和亲切的感觉，那么就需要搭配一套暖色调的制服，比如乳白色、驼色、咖啡色的制服，这样比较容易增加服务人员和客户之间的亲近感。

穿着制服的主题和目的性一定要明确，根据接待人员出入的场合和目的，强调和实现目的明确、风格统一。

服务企业都十分重视员工的外在形象，不惜投入大量的精力请人为员工设计制作漂亮合体的制服。那怎样的制服才是漂亮合体的呢？

三、制服的合体原则

企业的员工制服，无论是款式还是颜色都是统一定制的，但为何每个人穿出来会效果不同？因为每个人的身材与身高各异，想要将制服穿得像模像样，展示出员工的风采，最佳方式是为每人量身定做合体的制服。

合体的制服，对于经常需要穿制服工作的员工来说非常重要，穿着不合适的制服会影响员工工作时的投入度，所以在定做制服时，为避免这种情况出现，量体裁衣至关重要。下面一起看看如何选择合体的制服。

（一）制服的量体形式

1. 套号定制制服

较为宽松的工作制服，如夏装T恤、衬衫等，常采用的定制方式是：将市场通用的尺码，加员工身高、体重报至制作方，统一归码制作。通用码有S、M、L、XL等或衬衫尺码39、40、41等。

2. 量身定做制服

这种方式适用于合体度要求较高的制服，如西服、职业套装等，由企业请专业量身人员为每位员工单独量身，收集尺码后再统一归码制作。

3. 量体试穿制服

在量身的基础上，根据已得尺码将预先准备好的合适样衣请员工试穿，再进一步确认。虽然这种方法前期准备比较耗时，但准确率较高，贴合度最好，适用于批量大的制服制作。

试穿制服的方法：将制服所有的扣子扣好，来回转头，检查领围大小是否合适，肩膀等处的线条是否流畅；将手臂反复举起、放下、活动手肘部位，测试各处是否有紧绷感或松弛感；下蹲，检测裤装的臀部位置是否舒适，裙装的长短是否得体；来回走动，感受衣、裤、裙的舒适度，同事之间也可以互相参看。

（二）制服的量体方法

1. 测量各部位方法

用软尺测量身体相关部位的长度、宽度和围度的尺寸，作为制作依据。测量时，员工需立正站直，双手自然下垂，最好穿较紧身的服装，以保证尺寸的准确性（图2-11）。测量围度时，软尺应该保持垂直，同时还需观察被测量者的体型特点，如有特殊情况要注明，以备裁剪时参考。下面是定制制服几个常用部位的测量方法：

胸围：软尺在胸部最丰满位置水平环绕一周的长度；

腰围：软尺在腰部最细位置水平环绕一周的长度；

腰节：软尺在腰部最细位置水平环绕一周，另取一软尺自颈围前后中心点量到前后腰围软尺的中间长度，即为前后腰节的长度；

臀围：软尺在臀部最宽位置水平环绕一周的长度；

总长：代表制服的"号"，由头部顶点垂直量至脚跟；

衣长：软尺在前身左侧脖根处，经过胸部最高点测量所需长度，一般视款式特点而定；

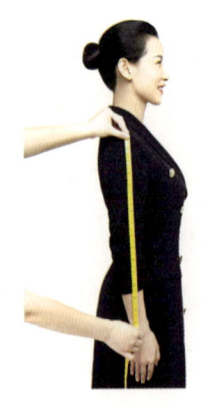

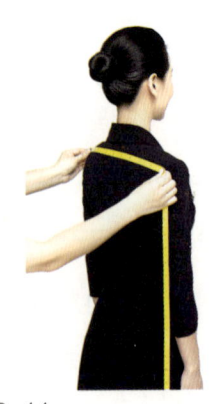

图2-11

袖长：软尺从左肩骨外端顶点量至手的虎口长度，根据款式需要增减长度；

肩宽：软尺从后背左肩骨外端顶点量至右肩骨外端顶点，软尺在后背中央贴紧后脖根略呈弧形，此长度为肩宽。

2. 放松量

放松量是量体后，在原测量尺寸的基础上再另外加放的尺寸。因为量体所得的尺寸都是紧身尺寸，如果按这个尺寸制成的制服就会紧贴人体，不仅穿脱不方便，而且不美观，行动也受限制。所以，在制作前必须根据量得的尺寸再加放适量的放松度，这个放松度要根据制服的类别、材料的厚薄以及穿衣习惯等适当调整。

上述量体方法，都是在服务人员制服的测量和选择时需要注意的，因为服务人员在工作中需要进行一系列的服务操作，必然会涉及弯腰、抬臂、上举、下蹲等姿势。精准测量最终是为了我们在选择服务服装的时候，既要区别于常服的松垮，也要区别于礼服的紧致，适当留出服务动作需要的空间。因此，制服的测量与选择，应遵循稍有余量、合身舒适、适合服务的总原则，切忌为了显示身材而选择过度贴合身体的制服。

四、制服的着装礼仪

荀子曰："人无礼则不生，事无礼则不成，国家无礼则不宁。"礼仪在我们的社会生活中无处不在，新时代的服务人员不可不懂制服的穿着礼仪。在服务行业中，制服分为两大类：常规制服和特色制服。

（一）常规制服着装礼仪

很多服务行业会选择西装或套装作为常规制服，比如银行、电信、酒店、保险、房屋中介等行业。

1. 西服款式

服务行业最常用的制服为西服套装（图2-12），它与休闲西服的区别在于休闲西服是单件上装，对下装没有特别要求，因多是休闲场合用装，可自行搭配，而西服套装在色彩、面料、款式、风格各方面都要一致，正装西服一般分为两件套或者三件套。总体以简洁、实用、挺括、明朗的风格为基础。女士职业套装除了裤装以外，以裙装居多（图2-13）。

图2-12　　　　　图2-13

2. 穿搭规范

西服上装的纽扣系法：双排扣款式需要所有扣子全部扣好；单排扣款式中，如果是两粒扣的西装，传统系法只系上面一粒扣，如果是三粒扣的西装，正式场合可以系上面两粒扣子。

女士的套裙要穿得端正、衣领翻齐、衣扣扣好，工作场合不可随便解开衣扣或脱下制服，女士上装还要注意领口的高度，前侧最低处不得低于锁骨位置。

制服的内搭衬衫，需尺码合适，领围宽松度以能插入两指为宜，领口要干净整洁，衣服下摆均匀地插入裤腰里。

男士的制服裤门襟，无论是纽扣款还是拉锁款，都要时刻保持平整、系好。

制服配套鞋必须是皮鞋，无论男士还是女士，搭配正装的皮鞋颜色以黑色、深棕色为宜，翻毛、磨砂、厚底、细高跟皮鞋或皮靴都不可用于搭配制服套装。女士职业套裙配传统船鞋为最佳，鞋跟高度以2~4厘米为宜（图2-14）。

图2-14

男士袜子颜色应与套装颜色保持一致，材质以透气棉质为宜，长度需要保证站立行走时，不会露出腿部皮肤。女士选择与套裙同色系的丝袜，不可光腿或穿有剐蹭破的丝袜。

西裤上的腰带需松紧适宜，宽度选3厘米的，不可悬挂其他物品，系好后的尾端介于第一和第二个裤襻之间为最佳长度，腰带系好后要保持与西裤门襟拉锁在同一条直线上。

在正式的工作场合,服务人员穿西服套装必须打领带,需要把领带结打得端正、挺括,外观呈倒三角形(图2-15)。女士的职业套装可搭配丝巾(图2-16)。

图2-15　　　　　　图2-16

3. 注意事项

服务中,服务人员如需搬重物,可动作缓慢,不可当众脱下外套,更不可为了干活方便撸胳膊挽袖子、挽裤腿,为保持制服平整,平日也尽量不在口袋内装物品。

制服裤筒的中折线不可偏,一定要笔直、自然地垂到鞋面正中。裤子的长度从后面看应该刚好到鞋跟和鞋帮的接缝处。

制服套裙中的裙子,不可短于膝盖以上3厘米,穿着时要将裙子内的衬裙整理平整。

(二)特色制服着装礼仪

特色制服,顾名思义是非传统的西服,比如在套装基础上加了些许中国元素,改良版的旗袍等。

特色制服一般都和服务文化密切结合,比如有些茶艺服务师会身着茶服,云南美食餐厅中服务员会身着民族服装等,既和产品密切相关,也呈现了服务特色。

1. 中国风

近年流行的中国风，在服务人员的制服上也体现得淋漓尽致，这一点在许多航空公司的制服样式上就可以看出，而且趋势越来越明显。一起看看被评为"最美中国风"排名前三的都有谁。

第一名：山东航空，在2019年山东航空发布的空乘制服中可以看到，其制服中最有特色的地方是采用了汉服中的交领右衽制，腰部呈泰山形状，借水墨手法颜色递减，给人感觉既传统又现代。

第二名：海南航空，2018年海南航空的制服"海天祥云"，以中国旗袍造型为蓝本，领口为祥云漫天，下摆为江崖海水，寓意"海航大鹏展翅翱翔于云海之间"，此设计让海南航空成了首家登上巴黎时装周的中国航企。

第三名：四川航空，2018年四川航空发布的制服采用红黑经典配色，兼具热情和沉稳的特质，小小的立领透露了中式旗袍的特色，经四川航空空乘人员的演绎，尽显优雅韵味和灵动之美，"川红"是四川航空带给旅客"中国元素·四川味道"的第一印象。

这样的中国风设计可不是空穴来风，而是大有来头，早在2014年的北京亚太经合组织（APEC）会议上，国家领导人所穿的服装就是一系列展示中国人新形象的中式服装。

2. 民族风

民族的就是世界的，具有民族特色的制服也可以和国际无缝接轨。民族风情融入制服会带来怎样的视觉效果？

瑞丽航空，作为云南本地的航空公司，在民族风情文化上做了很多细节上的设置，空乘人员的制服用景颇族的服装进行了改良，上装为黑色对襟短褂，下装为黑红相织筒裙，在一些节日，他们还会穿一款具有云南特色银饰装点的盛装制服，此设计还曾为瑞丽航空获得过"世界十佳服饰航空公司"大奖。

西藏航空，制服设计灵感源于藏文化中的五彩经幡，在丝巾、衬衣袖口和下装裙上均有体现，制服主色调为"中国蓝"和"中国红"，这样的设计处处体现了"民族大爱"。

随着中国风、民族风、复古风的日益流行，许多酒店、餐厅的迎宾员都穿起了改良版的旗袍，一些农家院、农家乐主题餐厅也屡现"大红被面花"的中式夹袄或中式旗袍。与传统旗袍相比，服务中的旗袍更与时俱进，既不过于暴露，又能显示女性的美，还能体现企业的特点。

3. 穿搭禁忌

所谓"名不正，则言不顺"，要知其然，更要知其所以然。中式服装，其根为中，魂为礼，形为新，谓之"新中装"。所以，一定要掌握中式服装在穿搭上的讲究，否则会穿得不伦不类，贻笑大方。

特色制服的穿搭首先要保证干净整洁，没有褶皱，这也是所有制服穿搭的基本要求；其次是大小、长短、肥瘦适宜；再次，在合适的基础上，保证所有的拉链、扣子全都对正系好；最后是最重要的一点，那就是：所有含有中国元素，或者民族风的服饰，都必须遵循我国各民族自己的风俗习惯，不可随意穿搭，即便是改良版、简化版，也必须遵守此原则。如汉服中的交领右衽，绝不可穿反，穿反就有不吉利的寓意了。

旗袍穿搭八句箴言："清淡典雅妆，盘发最相宜，站坐行要稳，纽扣无脱落，内衣无外露，衣身无褶皱，丝袜无静电，开叉不过膝。"

无论是常规制服，还是特色制服，都不仅仅是一套衣服而已，那一套套干净整洁、穿搭讲究的制服，不仅是我们服务人员的名片，更是企业的代言。

在服务场合只有掌握好自身仪容仪表的度，才可保持专业可信的职业形象。请保存好这张没有文字却生动、珍贵的名片吧。

第四节
恰到好处的配饰礼仪

如果说端庄优雅的言行是一道美丽的风景线，那么配饰就是这道风景线的点睛之笔。清雅的服务形象，简单得体的配饰加上优质的服务会让顾客感觉到整个服务流程更加真诚用心、精致细腻。配饰，不仅包括项链、耳环、戒指等首饰，也包括鞋、帽子、包、腰带等除了服装之外身上的所有物件。精致的配饰能够提高服装的整体造型水平，为服装增光添彩。不同的款式，不同的风格，不同的行业，合理选择配饰，能够反映出服务人员的审美品位，是服务人员素质高、修养好的具体表现，也是企业良好形象的体现。

盈盈是一家科技企业新聘的客服接待人员。一次，公司的高层在会议室开会，会议刚开始时，盈盈做好了茶水服务的准备工作。

经过一系列的泡制工序之后，盈盈开始为客户奉茶。但是，每当她拿起茶杯或操作时就会发出响声，原来是盈盈手腕上金手镯和玉镯碰撞起来叮当叮当响。安静的会议室里"叮咚"的声音频繁响起，干扰了大家的思绪，令人禁不住看向声音的来源处。这让王经理非常不满，一遍茶未奉完，盈盈就被王经理请出了会议室。

首饰具有悠久的历史，在古代，人们就已开始用首饰来装扮自己了。"首饰"，最早是装饰在人们头上，这些装饰品可以美化形象，也是一个人身份和地位高低的象征。随着历史的发展，首饰包含的范围变宽了，我们现在所说的"首饰"，除了头上佩戴的饰品之外，也延伸到手指、手腕等人体许多部位佩戴的饰品。广义来讲，还包括胸卡、手表、手套等身上所戴的各种物件。

首饰已成为大多数人在社交场合使用的"常备品"，对于服务人员，佩戴首饰，需要掌握两点：一是首饰的使用规则，二是首饰的佩戴方法。

常见的首饰类别有发饰、颈饰、耳饰、手饰、腕饰、脚饰等。

一、服务人员佩戴首饰的总原则

（一）以少为佳

服务人员佩戴首饰以少为佳。必要时，一件首饰也不必佩戴，宁可不戴，不可错戴。若想同时佩戴多种首饰，其上限一般为三，也就是不应当在总数上超过三种。同类的首饰不要超过一件，比如一个耳朵戴两个耳饰，一个胳膊戴两个手镯。

（二）以精为妙

可佩戴精致的小饰品，如点状耳环、细项链，不要戴夸张突出的饰品。

（三）恰到好处

要求匹配制服，方便工作，搭配协调。

（四）遵守习俗

不同的地区和不同的民族，佩戴首饰的习惯多有不同。服务人员在服务前一定要提前了解服务对象，尊重其习俗。

二、服务人员佩戴首饰的礼仪

（一）发饰佩戴礼仪

发饰，多是女性在头发之上所采用的兼具束发、别发功能的各种饰品。虽说在时尚潮流的引领下，也涌现出不少男士的发饰，但是在服务场合，男士不使用发饰会更彰显工作品质。

服务人员的发饰，其风格总体来讲应当简洁、实用，色彩不宜过于鲜艳花哨，材质不宜过于贵重（图2-17）。

图2-17

（二）耳饰佩戴礼仪

耳饰，就是耳朵的饰品，男性和女性均可佩戴，多为金属、宝石等材质，其主要包括耳坠、耳环、耳钉。通常为女性所喜，时尚男士也有佩戴耳饰的，但通常只在左耳垂佩戴一枚耳饰。男性服务人员在服务岗位上不宜佩戴任何耳饰。

女士的耳饰款式繁多，可分为耳钉型和耳坠型两类。耳饰的造型有圆环形、方形、三角形、不规则形等多种式样。服务人员在日常生活中应选择与自己的气质、脸型、发型、着装等协调搭配的耳饰，才能获得良好的装饰效果。

女士在服务工作岗位上，耳饰最好选择精致、小巧的耳环，形状以心形、水滴形、椭圆形、小花为主，且每只耳朵上只能佩戴一枚耳钉。耳钉上若有宝石类镶嵌物，其直径不宜超过 5 毫米（图 2-18）。
另外，耳钉的色彩应与制服的色彩搭配协调。

（三）颈饰佩戴礼仪

项链是颈饰中最常见的类型。项链种类繁多，按照材质大致可分为金属项链和珠宝项链两大系列。项链的款式应和自己的年龄相协调，与自己的体型相协调。例如，脖颈挺拔修长的女士可以佩戴较短的颈链，而体型丰满的高个子女士可佩戴较长的项链。

图2-18

项链的材质应与服装相协调，例如，柔软、飘逸的丝绸连衣裙与晶莹宝石吊坠项链更能体现出质感；职业套裙与纤巧精致的金属项链更相得益彰。项链的色彩也要与肤色及服装相协调，例如，穿暖调的橙红色服装时，佩戴金色的项链更适合；穿冷调的浅蓝色服装时，更适宜佩戴银色的项链。

除了特殊要求，男性服务人员在工作岗位上不宜佩戴项链。女性服务人员可以佩戴项链，但其款式应简洁精致，色彩要与工作服装相协调。

（四）胸饰与腰饰佩戴礼仪

胸饰与腰饰是佩戴于胸部和腰部（服装上）的饰品，是现代社会常用的饰品之一。常见的品种有胸针（或胸花）、领带夹等。

胸针（或称胸花）常佩戴于服装衣领上或外衣左侧胸前。男士与女士皆可佩戴胸针。服务人员在工作岗位上时，若单位要求佩戴本单位的徽章、姓名牌等上岗，则不宜同时佩戴其他装饰性胸针。

服务人员在工作岗位上时，只能佩戴单位统一样式的领带夹。穿西服时，可将领带夹别在领带上，其具体高度应在衬衫从上往下数的第四与第五粒纽扣之间。扣上西服上衣的扣子之后，从外面一般应当看不见领带夹。

古时，玉石是谦谦君子品德的象征，所以古人常将腰饰——玉佩系于腰间。在现代生活中，腰带是一种既有实用价值又有装饰价值的服装配饰。腰带的材质、款式、颜色均应与身材、肤色、服装等相协调。服务人员穿着制服时，必须按规定使用制式腰带。腰带上不可悬挂手机、钥匙链等物品。

（五）手饰佩戴礼仪

常见的手饰类型有手镯、手链、戒指等。

手镯是佩戴在手腕上的环形饰品，又可称为手环。手链，则是佩戴在手腕上的链状饰物。服务人员在工作岗位上，常有较多操作性工作，若佩戴手镯或手链上岗，可能会给工作带来不便，同时也会使手镯或手链受损。因此，服务人员工作时间内不宜佩戴手镯或手链。

戒指又称指环，是佩戴在手指上的环形饰品。戒指戴在不同的手指上，可能会有不同的含义。一般来说，戒指戴在左手食指上表示未婚或求婚，戴在中指上表示正在恋爱中，戴在无名指上表示订婚或已婚，戴在小指上表示单身。

医疗、餐饮、食品销售等服务岗位上的服务人员，出于卫生要求，不允许佩戴戒指。一般岗位上的服务人员可以佩戴戒指，但通常一只手只允许佩戴一枚戒指，且宝石类戒指上的镶嵌物直径不宜大于 5 毫米。

（六）足饰佩戴礼仪

足饰主要包括脚镯、脚链、脚趾环等。除特殊要求外，服务人员一般不宜佩戴足饰。

综上所述，服务人员在选择首饰时，一定要符合工作岗位的要求，"以少为佳，宁缺毋滥"。在工作岗位不宜佩戴鼻环、脐环等"前卫"饰品。整体来说，各首饰之间应在材质、款式和色彩上相互呼应。例如，选用款式风格一致的、均为银色调的耳钉、项链和戒指，这样做很容易产生协调美和统一美。

三、服务人员携带其他物品的礼仪

（一）胸卡

佩戴胸卡时，应将胸卡佩戴于规定的位置，正面朝外。并保持胸卡干净整洁、完好无缺。胸卡上的字迹模糊或缺损时，应及时更换新的胸卡。不可在胸卡上乱写乱画，也不可在胸卡上粘贴或悬挂其他物品。

（二）笔

在科技飞速发展的今天，服务人员在服务过程似乎很少用到笔。但是，依然建议随身携带两支书写流畅的笔。一支为蓝黑色的签字笔，用于书写正式的文本或手写签名时使用。另一支应为蓝色笔油的圆珠笔，用于书写一般票据。

（三）手表和眼镜

工作场合佩戴的手表，造型应简洁大方。对于服务人员来说，手表和眼镜可以作饰品用，但对于某些岗位的服务人员来说，也可能是工作必备物品。手表的实用功能是读取时间，为服务人员"工作守时"提供保障。因此，服务人员应当选择走时准确的手表，并经常注意校对时间。不要用手机代替手表读取时间，否则容易造成客户误解。特殊服务岗位的工作人员如医院的护士，使用可以别在胸前的胸表，就比使用手表更便于工作。

眼镜除了能够帮助人们视物外，还能起到装饰面部的作用。服务人员在室内应佩戴镜片透明无色的眼镜，有色的镜片会妨碍服务人员与客户的目光交流。眼镜框的颜色和式样应与自己的肤色及整体着装风格相配。在室外强光下可遵照规定佩戴墨镜，但与客人打招呼或谈话时，应当摘掉墨镜。在一些特殊场合，不适宜佩戴眼镜。

（四）香水

香水是一种"看不见的饰品"！能够在嗅觉上给客户以受到尊重的体验。很多服务岗位，如餐饮、医疗等，因其工作的特殊性，不允许服务人员使用香水。一般服务岗位的工作人员在使用香水时要注意选择清淡雅致的香型。

在允许使用香水的工作场合，服务人员使用香水时，必须控制香味的浓度。通常，客人在与服务人员相距 0.5 米之内能闻到若有若无的淡淡的香气，这样的香水用在服务人员身上是合乎礼仪的。香水可使用在耳际后侧、颈部、手腕内侧。如果服务人员周身散发出浓烈的香水味，则是缺乏修养的表现。如果不能准确把握香水的"度"，那就不用为好。

（五）记事本和纸巾

俗话说："好记性不如烂笔头。"一个细心的服务人员，通常是在一些

第二章·职业形象，与时俱进

小事上做到了极致。把一些重要或复杂的信息记录下来，力求更完美的服务，随身携带记事本或者便签就显得非常重要。随身携带的记事本应轻巧便携、方便使用。同时也要及时整理、汇总和处理上面所记载的各类信息，让服务更加完整。

除此之外，无论何时何地服务人员还应养成随身携带一小包纸巾（或一块手绢）的习惯，以备急用。

（六）手机

生活中大多数人手机不离身，但对于服务人员来说，工作时要尽量把手机放在规定的常规位置，不使用的时候不要把手机拿在手里或者放在上衣的口袋中。工作期间禁止玩手机。

第三章

温暖怡人：
表情礼仪

第一节
神采奕奕的目光礼仪

美国肢体语言专家福特斯说过："尽管我们的身体所有部分都在传递信息，但眼睛是最重要的，它传递最微妙的信息。"

面部表情是我们最常用的语言之一，但在服务中却常常被我们忽略。

在工作中也常常会听到类似的抱怨，就是客人太多导致招待不周，分身乏术导致自顾不暇。但我们都忽略了服务的方式其实是多样的，不仅可以通过语言给客户提供最直接有效的服务，也可以通过目光为客户提供殷勤周到的服务。眼睛是心灵的窗户，纯净的目光能在不同时间、不同状态下给人不一样的感觉。而且在五官中目光的表现力是最强的。当然微笑也有很强的感染力，但是它表达的信息却相对单一，而目光则可以填补这样的单一，传达出欣喜、关注、藐视、担忧、愤怒、惊奇、厌恶和不安等多种情绪。

作为一名服务人员，想要获得客户的认可，进行专业的目光训练，让自己的目光变得更有感染力是非常有必要的。

方先生是一名货车司机，由于工作需要，经常深夜驾驶在高速公路上。有一次，经过收费站时，一位收费员给他留下了深刻的印象。收费

第三章 · 温暖怡人：表情礼仪

员虽然戴着口罩，却通过温和的目光表现出对过往车辆司机温情的关切，让方先生仅仅透过眼睛就感受到关心。他一边交费一边询问前方的路况，收费员给他讲解时将身子探出服务窗为他指引。看着那双会微笑的眼睛，他忍不住掏出手机拍下了这一幕，并在第二天发到了网上，引起很多司机的共鸣和点赞。因为有了收费员的关注和重视，那天深夜，方先生感觉既踏实又轻松。

疫情以来，口罩成了公共场合的标配。各种服务场合也不例外，客户看不到我们的微笑，却能从我们的目光中体会到热情和真诚。

一、服务中目光的注视区域

（一）正三角的注视范围

眉心到双肩的三角区域为目光注视中的正三角区域（图3-1）。这个注视范围较为宽阔，可以避免客户对我们产生咄咄逼人的感觉，能够营造轻松的交流氛围。它比较适用于较远距离的交流或者有异议时，当客户有不满情绪或者有服务分歧时，这样的目光交流区域可以给人提供调整情绪的空间。

图3-1

（二）倒三角的注视范围

双眼到鼻尖的三角区域为目光注视中的倒三角区域

(图 3-2)。在服务场合与客户交流时，注视倒三角区域一般可以营造一种平等、亲切和轻松的交流气氛，有利于双方的沟通，既不会使客户产生被怠慢的感觉，又可以使客户感受到必要的尊重和关注。

（三）散点柔视的亲和力

改变目光直视客户一个点的尴尬，把目光分散到客户正三角或倒三角的区域内，可使目光看起来更柔和（图 3-3）。

人们常说眼睛是心灵的窗户，作为服务人员，这一扇帮助我们传达内心情感的窗户一定要擦拭得明亮光洁，让它为我们的服务网构筑一条顺畅明亮的通道。

有时，表情和身体语言更能体现出一个人的素质。服务更是如此，提升品质，绝不仅仅是拥有华丽的制服和良好的语言技巧就可以了，目光蕴藏的表达力度同样不容忽视。

目光是一种神奇的语言，虽然

图3-2

图3-3

无声无息，却能表达出人的喜怒哀乐，它既能像阳光一样温暖对方的心，也能像阴霾瞬间笼罩对方。所以，拿捏得当的服务目光是我们与客户交往过程中极好的润滑剂。

张女士是都市白领，下班总是很晚。一天下班后，到某商场去买化妆品。这时商场也快要下班了。柜台销售员虽然微笑着在介绍商品，眼睛却一直在盘点着其他物品。柜台销售员心不在焉，一心二用的工作状态，张女士一下子就感知到了，她甚至觉得柜台销售员连微笑和语言都是机械的、职业性的。这样的敷衍态度张女士能够理解，是因为销售员急于盘点货物，着急下班，但是自己的心情也受到了影响，觉得没有享受作为顾客该有的服务。销售员依然低头盘点，并催促道："付款通道马上就要关闭了，请您赶快确定要购买的物品。"标准的礼貌用语，程式化的提醒，再加上那明显焦急催促的眼神，彻底打消了张女士的购物念头，她瞬间没有了购物的心情，离开了商场。

二、服务中目光的使用规则

（一）目中有人的尊重

作为服务人员，工作中要做到"目中有人"，尊重每一位客户。"目中有人"需要有尊重他人的态度，只有做到内心是尊重对方的，目光才可能是亲切友好的。生硬的目光对他人而言是一种伤害。有时会看到一些服务场所的人，虽然挺直着身体却用麻木的目光问候，客户都不回应他，因为对他而言这仅仅是对工作的敷衍行为，作为客户不但没有感受到欢迎之意，相反还会有被冷落的感受，目光生于内心，只有热爱生活和工作的人眼睛才会发光发亮，释放出热情，也才能够给人温暖的服务。

（二）目光稳定的信赖

保持视线的稳定性，也就体现出了沉稳自信的服务素养。服务人员千万不要上下打量客户或是转动眼珠到处乱看，上下打量意味着挑剔和审视，没有人希望自己被别人这样看。如果是一位男士上下打量一位女士，肯定会让人觉得他不怀好意，另有企图。注视客户时眼珠若是转来转去，会给客户一种正在心里盘算坏主意的感觉，而且很难使人产生信赖感。

（三）声情并茂的态度

现在很多服务企业都注意使用礼貌用语，甚至开始制作企业的"话术模板"，这样的确可以使服务变得规范和严谨，但如果忽略了目光的作用，甚至带着一张"扑克脸"，再无懈可击的服务，瞬间都会变得冰冷，很难被客户喜欢和接受。所谓声情并茂就是指通过热情的语言和温和的目光传递给人们温情和关爱。因此，要学会用目光配合语言，用目光提升语言的价值，使两者完美结合，从而获得最好的服务效果。

"目中有人"透着一种教养、一种态度，是因内心的善和美而启动的行为，通过训练可以掌握它的要领，但若想打动别人，就需要心灵的契合，尊重他人等于尊重自己，而目光是体现这种态度最简单易行的方法。

第二节
倍感尊重的目光服务

许久未使用的电话号码欠费，营业厅通知夏女士到柜台办理注销，来到柜台，服务人员头也不抬，问："号码？"可能觉得夏女士没听清楚，她抬头又问了一次，并用余光瞟了一眼，这种机械、漠不关心的表情，不屑的行为让夏女士感受到的是服务人员的轻视，也反映出服务人员对自己职业身份的不重视。

服务中适当的目光交流是对客户的尊重，一个好的服务人员不但善于运用目光为客户提供服务，还能够规范而科学地使用目光语汇。

一、服务人员视线表达的规范

（一）要注意视线接触的向度

视线的向度，就是目光的方向。我们比较喜欢的是平视，这样使交流也如目光这条线路一样直接而顺畅。仰视和俯视都会使双方的心理产生差距。虽然有时俯视不会令我们难堪和不安，不过那通常是对小孩子表达爱怜和关怀。在成年人的交往中，平视是最好的方式（图3-4）。

（二）要把握视线接触的长度

在服务场合与客户交流要注意目光接触时间的长短。如果在交往中对方很少关注你，而且注视你的时间不超过整个相处时间的30%，说明这个人不在乎你。同样的道理，如果是一个领导或长辈与下属或晚辈见面，则要多一些目光的接触，这对鼓励他有很大作用。对客户更是如此，目光长时间地接触其实是对客户的关怀，客户因此会受到你良好情绪的感染，反过来对你和你的公司也更感兴趣。

图3-4

（三）要学会目光的切换

在交流时，不必始终注视对方的眼睛，有时可以根据交流需要关注到电脑、手册、宣传折页等物品。同时每次看别人的眼睛可在三秒左右，这样会让对方感觉到比较自然。在向服务对象问候、致意、道别的时候都应面带微笑，用柔和的目光注视对方，以示尊敬和礼貌。不能从头到脚反复打量对方，即便对方的穿着有不得体的地方，也应该使目光尽量柔和，变化时不着痕迹。"散点柔视"是与客户交流时非常得当的目光运用方式，也就是将目光柔和地投射到对方脸上，但不会在某个点凝聚。

二、保持炯炯有神的目光

在我们陈旧的观念里,常常认为只有大眼睛才会有迷人的眼神,其实,每个人的眼睛都可以通过训练变得炯炯有神。通过眼神训练,每个人都可以拥有明亮的眼睛和灵动的眼神。

(一)定眼训练

定眼训练可以让目光沉稳。

首先,找一张 A4 纸,在中间画一个直径约为 5 毫米的黑点;其次,在黑点的周围用灰色笔画上更小的点;再次,盯着黑点看,直到感觉所有灰点都已经消失。

此外,还可以练习将目光聚焦于某个物体,比如盯着花瓶上的花纹、放到眼前的一支笔或是一根手指头,至少要盯视 10 分钟。

(二)运目训练

运目训练可以增加目光的灵动性,使投出的目光富有神韵。梅兰芳先生拥有明亮又有神的眼睛,他的训练方法之一就是紧盯在空中飞翔的鸽子或者注视在水中游着的鱼儿。

首先,举起一根食指,握拢其余四指;其次,将食指移动到与左耳对齐的左脸颊前方,眼神跟过去盯住食指,接着将食指移动到与右耳对齐的右脸颊前方,眼神再次跟过去盯住食指;再次,将食指移动到额头上方,眼神跟过去盯住食指,再将食指移动到下巴下方,眼神再次跟过去盯住食指。

运目训练共有8个八拍（图3-5），转动的速度一开始可以慢一点，确保位置准确，之后就要加快速度。盯住食指时要聚焦于指尖，并保持炯炯有神的注视力度。

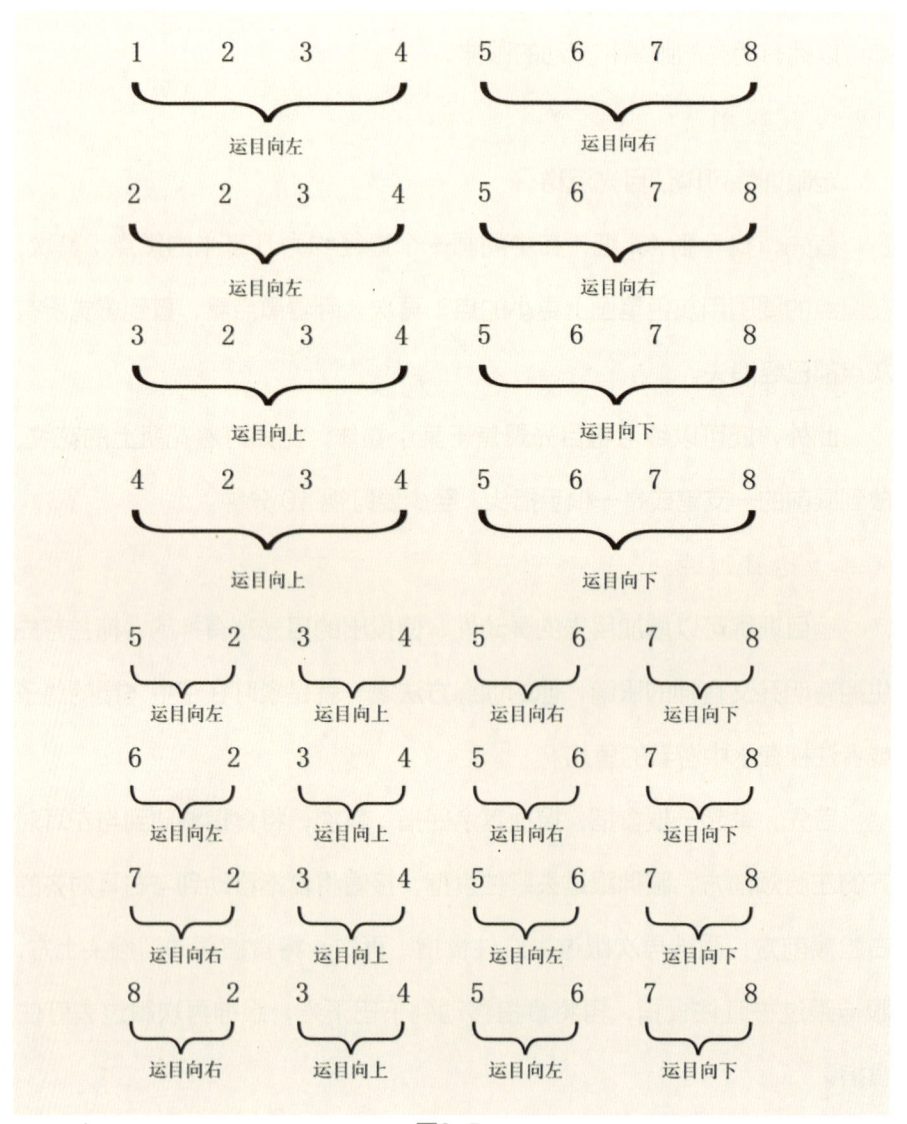

1	2	3	4	5	6	7	8
	运目向左				运目向右		
2	2	3	4	5	6	7	8
	运目向左				运目向右		
3	2	3	4	5	6	7	8
	运目向上				运目向下		
4	2	3	4	5	6	7	8
	运目向上				运目向下		
5	2	3	4	5	6	7	8
运目向左		运目向上		运目向右		运目向下	
6	2	3	4	5	6	7	8
运目向左		运目向上		运目向右		运目向下	
7	2	3	4	5	6	7	8
运目向右		运目向上		运目向左		运目向下	
8	2	3	4	5	6	7	8
运目向右		运目向上		运目向左		运目向下	

图3-5

（三）神采训练

神采是眼神中的光彩，毫无疑问，最能打动人心的是会笑的眼睛。

首先，拿一本书到镜前，挡住鼻梁以下的部位，只看自己的眼睛；然后，想一些美好、温馨、快乐的往事。随着内心涌起喜悦之情，让笑容一点点荡漾开来，这时的眼神就是最动人的；最后，放开手，放松面部表情，记住笑得最舒心的那一瞬间的眼神，再次练习眼睛含笑，让它慢慢变成一种习惯。

以上眼神训练方法可根据时间、地点和场合可有选择地进行，坚持练习便会使目光变得敏锐，眼睛也变得炯炯有神。训练时若感到眼睛疲劳，可将眼睛转移或闭目休息片刻，也可以向远处眺望注视绿色的草地和植物。

在服务中要善于运用这些无声语言为客户创造良好的服务氛围。只要持之以恒加以练习，面部表情会越来越柔和温暖，整个人也会散发出动人的服务光芒。

第三节
如沐春风的微笑礼仪

一日，王先生到某银行办理业务，早上9点银行里就坐满了客户，大厅里两台自助机器旁也排起了长队，大堂经理手里拿着平板电脑，一边协助客户，一边操作着手里的电脑，嘴里还不停地回答客户咨询的问题。

等候区的人群中不停发来抱怨的声音："怎么等这么长时间。"

一位不耐烦的客户走来走去，烦躁不安。

"太慢了。"

"20分钟叫一个号，得等到什么时候。"

"怎么就3个窗口办理业务，把其他的也打开呀！"

那位不耐烦的客户对着大堂经理大喊："你们银行太差劲了，怎么办个业务要等这么久？"

瞬间所有人都把目光集中到了大堂经理身上。大堂经理临危不乱，落落大方微笑着面对大喊的客户："让您久等了，我们会尽快办理，我会及时关注号码做出调整，请您稍候，也请您原谅！"

接着他微笑着走近客户，以最快的速度安抚客户，并指导客户使用自助机。他的耐心高效让现场渐渐安静，大堂内他穿梭的身影和微笑的指导也呈现了银行的服务品质。

服务人员的微笑能够展示个人的素养和公司对外的整体形象，当服务人员面对客户微笑时，就是向对方表现出善意、尊重和友好。

一、微笑服务的重要性

（一）微笑服务能带来良好印象

服务人员一张亲切的笑脸常常让客户感觉如沐春风，让客户对我们的服务马上就有了"专业可靠"的印象。先入为主的好的初步印象，对双方今后的交流有着较大的影响。在服务接待过程中，一旦客户在最初对服务人员产生不愉快感觉的服务印象，要改变它是十分艰难的，往往要付出比先前多出几十倍的努力。所以与客户初次交往时，微笑迎客是必要的，它能快速拉近与客户的关系，收获事半功倍的效果。

（二）微笑服务能够提升工作效率

微笑对客户的情绪有着主动诱导的作用，客户的情绪往往受到服务人员态度的影响。在服务交往中，由于微笑的表情，服务人员很自然地使用温和的语调和礼貌的语气，这不仅能引发客户发自内心的好感，有时还可以稳定客户焦虑急躁的情绪。声音并非语言，可语言、语调、语速的变化却可以暗示出服务人员态度的好坏。

微笑服务以心换心、可以调节客户情绪、使客户愿意配合，有利于服务工作的顺利进行。同时，在服务交往中，微笑也容易给服务人员自身带来热情、主动、自信等良好的品质，拥有这样的品质的服务人员，他的工作效率也随之提高。微笑给服务工作带来便利的同时，也给服务人员自身带来成就感，这种成就感有利于服务工作者的身心健康。

（三）微笑服务能够融洽客户关系

服务工作的难点在于怎么去准确获取客户的需求，从而用有效的方式满足客户需求。这就要求我们在提供服务的过程中用最佳的服务态度去交流，获取信息。只有顾客愿意交流了，服务质量得到肯定了，顾客才会愿意说出自己的需求。所以，是否能获得准确的信息，就看我们服务的质量了。一线服务人员的微笑服务可以从情感上拉近与客户的距离。如果服务人员的微笑具有亲和力，那么，当客户遇到问题或困难的时候，就会很自然地及时提出。

（四）微笑服务能够带来良好效益

服务人员既充当个人角色又代表企业，这两种角色彼此依赖又互相促进，微笑服务也是每个行业、每个企业的服务文化。也就是说，企业的形象是通过每个具体服务人员来体现的。如果每位员工都能做到微笑服务，客户不仅会感到这位服务人员工作不错，而且会将这一具体的感受升华到对企业形象的认可。反之，如果个别服务人员表情冷漠，不够主动、热情，客户会认为该服务人员态度不好，同样会影响到企业形象。

随着社会的发展，人们的思想观念有了很大的变化，客户享受服务的意识越来越强，企业要想在竞争中求生存、求发展，就必须争取以微笑服务和特色服务赢得更多客户的青睐。所以，微笑服务是非常重要的。

世界著名的经营之王希尔顿（全称：康拉德·希尔顿）在得克萨斯州的第一家旅馆经营中稍有成效的时候，他母亲对其成绩却不屑一顾。她指出要使经营真正得到发展，需要掌握一种秘诀，这种秘诀简单、易行，不花本钱却又行之长久。

希尔顿冥思苦想，终得其解。这种秘诀不是别的，就是微笑。他发现只有微笑才同时具备以上4个条件，且能发挥强大的功效。以后，"微笑服务"就成了希尔顿旅馆经营的一大特色。

多年来，希尔顿旅馆业之所以成为当今世界的"饭店之王"，微笑服务不能说不是这辉煌大厦的一块奠基砖。希尔顿成功的秘诀说明了一个真理，那就是服务业与客户打交道，客户得到的不只是有形的商品，还有无形的服务。这种服务既包括生理需求上的享受，也包括精神上、心理上的需求满足。能否最大限度地满足客户的双重需求是服务业形象优劣的关键。在激烈的市场竞争中，满足客户生理需求的服务往往难分高下，而最能体现出差距的恰恰是精神需求的满足。这时，希尔顿的微笑魅力就不可低估了。

希尔顿说过："微笑是属于客户的阳光。"受阳光沐浴的客户当然不会忘记温暖着他们的太阳。

请记住：微笑是阳光，微笑是世界性的通用语言，微笑是人际交往的润滑剂，微笑是沟通的桥梁，微笑是无本的投资……

微笑是一个很简单的动作，似乎嘴唇微微牵动便可完成，微笑又是一个复杂的动作，它需要面部肌肉的协调运动，需要眼睛散发和善友好的光彩，需要宽厚善良的内心配合，正因为复杂才使它显得弥足珍贵。

二、规范的微笑服务

服务行业的微笑不但要温柔友善，亲切自然，还要自然流露，发自内心，带给客户春天般愉悦舒心的感受，同时要符合行业规范（图3-6）。

图3-6

（一）微笑与端庄的形象

微笑应该出现在一个仪容大方、端庄、仪表整洁、得体、热情、精神饱满的人的脸上。因为"微笑"是一种服务，而不仅仅是一个表情，它必须与整体形象相得益彰。

（二）微笑与得体的举止

微笑时要神态自然，热情适度，呈现出积极的身体语汇。当服务人员歪歪斜斜、吊儿郎当站立的时候，即使看到客户进来能够给予微笑，也一定是漫不经心、敷衍了事的笑容，无法打动人心。所谓积极的身体语汇，是指身体姿态规范优雅，微笑时能够尽量将脸庞和上半身面向客户，落落大方地微笑致意。

（三）微笑与积极的态度

如果你能够在与客户目光接触时，在开口说话之前，首先献上你的一个微笑，这样，就由你创造了一个友好热情对自己有利的气氛和情境，肯定会赢得对方满意的回报。如果客户先冲你微笑，你应该立刻展现亲切微笑。谁先开始微笑，谁就显得更有礼貌，更有修养。无疑，每个客户都希望看到主动热情的微笑，它比冰冷的语言更有感染力。

（四）微笑与恰当的时间

如果是初次见面问候客户，微笑的最佳时间长度是不超过 7 秒钟。时间过长会给人以傻笑的感觉，反而尽失微笑的美韵，过短则会有敷衍了事的感觉。

（五）微笑与传神的五官

眼神笑，眼型笑，嘴型笑。眼睛是心灵的窗口，只有笑眼传神，微笑才能够扣人心弦。

当目光与他人接触的瞬间，要注视对方展开微笑。但微笑的启动与收拢都必须做到自然，切忌突然用力启动和突然收拢，这种虚伪的职业化微笑如吹弹可破的谎言。

微笑能够为我们的友谊或是工作锦上添花，清晨上班听到的第一声问候若能伴着真诚的微笑，心情也会为之感染而愉悦起来。它也能够为我们的服务锦上添花。在客户服务过程中产生误解或是陷入僵局时，诚恳的微笑会散发强大而持久的穿透力，直到尴尬的气氛消融。干巴巴的道歉或解释很难获得客户的谅解，但如果给那些苍白的语言配上诚恳而真挚的微笑，所有的问题也许都会迎刃而解。

第四节
温暖舒适的微笑服务

刘女士出差去外地，由于天气原因飞机误点，到了当地已是晚上十一点，比预期晚了三个小时，她的心情非常糟糕。

到了酒店，等出租车停稳，刘女士正想拉车门，车门已经打开，一位形象大方的迎宾员站在车门前一边为她护顶，一边微笑着向她问候："女士，您好，欢迎光临！"刘女士也不由自主微笑着回应"谢谢"，就在自己展颜的那个瞬间，晚点造成的糟糕心情好像也缓和了许多，原来微笑会传染，微笑也会感染心情。看着迎宾员主动帮助她从车里将行李拿出，微笑中透着真诚和由衷的善意，她突然觉得深夜里迎宾员的微笑有治愈的作用，晚点又有什么，赶紧睡觉，明天照样元气满满。

迎宾员热情微笑的迎接，使原本心情很糟糕的刘女士感受到酒店对她的欢迎和友好，让她在异乡感到温暖，从而使坏心情变好，可见，在服务行业中，微笑无价。

一、微笑的种类

我们每一天都会看到不同的人在不同时间的微笑，我们每个人都渴望笑容。没有哪个客户因为对某种产品的执着需求而不需要服务人员的微笑，也没有哪个客户因为自己位高权重对服务人员的"微笑"嗤之以鼻。这是一种真诚的情绪表达，所有的客户都需要并且享受这种服务。

微笑也是唯一在远处就能够被识别的表情。当我们的目光捕捉到一张笑脸时，大脑就会自动模仿这种表情，于是面部肌肉也会做出相似的表情，与此同时这种信息又会被大脑利用来解读我们此刻的情绪。

因此，愉快的情绪是会传染的，服务人员愉悦而真诚的微笑能够感染客户，但不是所有的微笑都具有这种力量，让我们来了解一下服务微笑的种类。

（一）一度微笑

嘴角两端微微上提，笑肌微抬，在服务场合这种微笑最温和（图3-7）。餐厅服务人员在备餐台前进行准备工作的时候，酒店会议服务人员在后场准备的时候，高铁乘务员在巡视车厢的时候，

图3-7

服务人员聆听客户诉求的时候，运用一度微笑就恰到好处。所以，一度微笑最适合服务工作者在准备阶段和与客户无直接服务接触时运用。

（二）二度微笑

嘴角肌肉紧张，嘴角两端一齐向上提，给上嘴唇拉上去的紧张感，嘴角上扬15°左右（图3-8）。这种微笑表示鼓励、友好、礼貌。当服务人员面对客户进行交流的时候，微笑由一度微笑上升为二度微笑即可。所以，二度微笑适用于客户交流时，比如问候、指引等服务场合。面对面有具体服务内容时，采用二度微笑能够创造出具有亲和力的服务瞬间。

图3-8

（三）三度微笑

一边拉紧肌肉，使嘴角肌肉紧张，嘴角两端一起尽量上提，嘴角上扬30°，露出几颗牙齿都可以（图3-9），这种微笑是比较热情的表情语汇，在节假日向客户祝福问候时采用，可以与节日的氛围相适应，也能够感染客户。表达祝贺、祝福，与熟悉的客户愉快沟通时都可以采用

图3-9

三度微笑，这也是最富有情感、最能够感染客户的表情。笑，要真诚、自然、发自内心。单纯的嘴部动作根本不能展现出一个生动的微笑，真正动人的微笑是遮住嘴部仍可以看到微笑的眼睛。所以，微笑不是简单的颧骨肌运动，不是单纯的嘴角提升，而是要发自内心，使语言亲切、身体谦恭，表情才能够自然动人。

小刘是酒店的服务之星，经常被客户赞誉，而表扬最多的是她那张爱笑的脸。不久前一个公司在小刘工作的酒店举办年会。当时小刘主要负责在颁奖环节为获奖员工呈上奖品。看着获奖员工高兴的样子，小刘也真心地为他们感到高兴，脸上不由自主地一直挂着灿烂的三度微笑。于是，年会的大部分照片里都留下了小刘的最美笑脸。后来这个公司多次在酒店举办会议及客户答谢活动，很多人一走进酒店就会认出她，因为她的笑脸已经被很多人在照片中看到。

就像案例中的小刘，她的成功来自适当场合恰到好处的微笑。在节日期间以及每一个庆祝场合，我们都要用三度微笑来服务客户，从细节中区分不一样的日子。见证客户的成功时，也要用三度微笑。

从迎候时的一度微笑到沟通时的二度微笑，再到分享喜悦时的三度微笑，服务工作有时候就是这样，笑一笑，与客户的关系就会更加融洽。

在服务工作岗位与客户交往中呈现的笑容应该是纯净的，发自内心的。我们每个人都有作为客户的经历，都曾感受到那些因为企业规定而不得不笑的"微笑"，有些笑容甚至比哭还难看，有些笑容让人匪夷所思，有些笑容看上去令人毛骨悚然，有些笑容带着鄙夷和嘲讽。由此可见，"笑"的确是一门艺术，当一位服务人员的情绪和心境不够热情友好的时候，他的笑容很有可能表达出很多复杂的内容而令客户不悦。

所以，我们必须明确微笑的目的——表达对客户的友好之情，使客户有愉快的服务体验。也就是说，笑不能带着勉强、反感、奚落、鄙视等其他含义，而应该使之回归到它应有的、本源的、美好的味道中。如果只是为了"微笑"这个任务而去微笑，就无法体现微笑的作用和真正的魅力。只有纯净的微笑才是坦荡的心境和胸怀的真实写照。

微笑是抚慰人心的一剂良药，常常能够给平淡的服务工作增添色彩，在日复一日重复的劳动中，只有"微笑"能够令服务者与被服务者彼此愉悦。

二、亲切动人的微笑

微笑的基本要领是：放松面部表情，嘴角两端微微向上翘起，让嘴唇略呈弧形，不发出声音，轻轻一笑。什么样的微笑才能打动别人呢？法国医生迪香，曾经做过一项研究发现，当一个人的脸上三块肌肉同时活动的时候，就会产生一种特别有魅力、有感染力的微笑。第一块肌肉叫嘴角肌，嘴角肌上扬，是产生这种迪香式微笑的第一个条件，第二是颧骨肌上提，第三块肌肉的变化是眼角肌收缩，三块肌肉同时活动就会产生这种有魅力的"迪香式微笑"。因此，当你呈现出"迪香式微笑"的时候，你很开心，看到的人也很开心。这种真诚的微笑由心而发，最能打动别人，笑得也最自然。这样的微笑我们应如何锻炼呢？

（一）自然微笑法

这是一种比较常见、具有效果的训练方法，可以随时随地进行，几乎不需要复杂道具，同时也颇有趣味，长期坚持练习，对调节心情、保持良好的生活状态有很好的帮助。

具体方法是：拿一面镜子，或端坐镜前，调整呼吸使之轻松、平静、自然、顺畅，绽开微笑，对镜子说"E—"，轻轻浅笑减弱"E—"的程度，重复前面的动作。嘴角微微翘起，面部肌肉随之舒展开来，同时注意眼神的配合，使面部肌肉放松、舒展，呈现愉悦的微笑表情。

（二）情绪记忆法

借助"情绪记忆法"辅助训练微笑，就是将自己过去那些最愉快、最开心、最令人喜悦的片段和画面，从记忆中唤醒，使这种情绪重新袭上心头，重享那惬意的时光，绽放微笑。

（三）"自拍"模仿法

用自己的手机拍下自己不同程度的微笑，如露6颗牙齿、8颗牙齿，不露齿。如果是在企业培训中也可以小组互动评选出最美微笑，还可以留心观察身边美丽的微笑，进行模仿。

（四）意念驱动法

这是一种不需要任何道具、随时随地都可进行训练的方法，能够培养微笑意识和微笑习惯，使自己逐步养成在生活和工作中微笑的习惯，适合已经有了微笑训练基础或者善于微笑的人。在闲暇和需要时，只用意念控制情绪、调动面部肌肉，配合得体眼神，即可呈现最佳微笑。

以上四种微笑的训练方法，既可以单独练习使用，也可以四种方法相互配合使用，比如对镜微笑法可以配合意念驱动法进行。

微笑需发自内心，一个完美的微笑会牵动眉宇、唇齿和面部肌肉，会经由表情、语气和动作散发出来，容不得虚假和伪装。但我们经常看到的是某些模特职业的微笑，恰当的嘴唇上翘角度与冷漠的眼神，让我们感觉很疏远，不亲近，因为这种微笑是职业的、机械的、固定的。没有诚恳的心作为点缀，微笑的空洞表情便是徒劳。所以，真正的微笑是与心契合的，是十分宝贵的，它首先需要一颗善良、豁达、懂得感恩的心作为基础。而服务场合，需要这种具有打动人心的有力量的温暖微笑。

第四章

优雅举止：
仪态礼仪

第一节
优雅举止提升服务品质

服务是综合技能的集中体现，并不单纯指良好的服务语言、机敏的服务反应和及时的服务行为。它包括的内容十分广泛，比如优雅的举止也是服务中一个重要的组成部分。

一个小小的仪态举止，看似简单、微小，却能对未来的状态产生极大的改变。相信很多人看过《蝴蝶效应》这部经典电影，对"蝴蝶效应"这个词也不陌生，它讲述的是一只南美洲亚马逊河流域热带雨林中的蝴蝶，只因为煽动了一下翅膀而产生的微弱能量，却可以在两周后给远在美国的得克萨斯州带来一场飓风。"蝴蝶效应"提醒我们，初始条件十分微小的变化，经过不断放大，对其未来状态会造成巨大的影响。因此，当我们越来越注重服务质量和技能培养时，服务举止也被认为是提升服务品质的一个重要因素。因为一个不经意的行为，怠慢甚至伤害客户，从而使客户产生糟糕情绪的案例已数见不鲜，因此，我们只有注重服务细节的培养，才能使服务彰显规范和品质。

一个人的行为不仅体现在肢体动作上，更是其道德意识、思想观点、文化水平的综合反映。人格有高下之分，行为也有美丑之别，美好优雅的行为常常是高尚人格的写照。

冬天，北方的天气十分寒冷，某银行室内的气温也不太高，一名大堂经理尽管穿着并不厚实，却没有瑟缩一团，而是规范地在大门左侧一米处挺拔而端庄地站着。

张女士前来办理业务。

大堂经理面带微笑鞠躬问候："您好，欢迎光临！请问您要办理什么业务？"

张女士应道："我想开通一张银行卡。"

大堂经理礼貌引导说："请您先用身份证取号，然后到服务台填写个人信息单，等着叫号就可以了。"

张女士："必须到柜台办理吗？"

大堂经理解释道："也可以到机器自助办理的。"

张女士："机器太复杂了，我不太会操作。"

大堂经理耐心回答说："没关系，我来帮您。您这边请，请您先填写好个人信息。"

在实际协助操作中，由于触摸错误，导致操作失败，需要重新操作。

大堂经理感到非常抱歉："抱歉，手有点凉，操作不灵活，刚才按错了，我再帮您操作一遍。"

张女士："没事，非常感谢你帮我操作，你穿得也不多，要注意保暖啊！"

大堂经理在最初与客户的接触中，因为得体的举止赢得了客户的信赖，尽管在业务办理过程中出现了小小的失误，仍然获得了客户的谅解，弥补了服务的不足。

现在我们可以想象一下，如果客户一进银行看到大堂经理瑟缩在客户休息区，肯定会给客户留下一个糟糕、不专业的印象。其实我们在为客户办理业务的过程中，也许客户已经在谨慎观察，寻找服务纰漏了。如果客户一进门看到大堂经理不在自己的岗位上，一定会感觉不舒服。如果在办理业务时再出现什么瑕疵或失误，这样岂不是正好给了客户一个发泄的机会吗？

中国有个成语叫"促膝长谈"，意思是古人交谈时要相对跪坐，膝盖对着膝盖，坦诚交谈。其实在客户服务工作中，我们同样可以利用膝盖的方向把友好之情传递给客户。当你和客户并排交流时，只需要在双腿并拢后将膝盖朝向对方一侧，对方便很容易感受到我们的真诚和用心。相反，如果始终将膝盖朝向相反的一侧，恐怕交谈会早早结束，因为在这种不礼貌肢体语言的暗示下，客户很快就会觉得索然无趣了。

得体的举止常常能够带给客户积极美好的暗示。例如，当服务人员引导客户进入会议室时，引导人员走到门前说："您请稍等。"然后推开会议室门先进去，之后用左手稳妥扶住门把手，右手用规范的横摆式手势邀请客户进入，想必客户被尊重的感觉会油然而生，当带着这种愉快的心情继续交流时，即便客户有很多意见和不满，也会被优雅的举止所淡化。

当服务人员双臂相抱和客户交谈时，除了传递给客户你没有坦诚相见的意愿外，对交流没有任何积极作用。因为一个完全封闭的姿态是会在第一时间进入客户眼帘的。如果在交流时再随意伸出一根食指戳戳点点，那么客户也许很快就会离开了，甚至可能引起投诉。

　　身体语言是比有声语言更重要的一种语言，因为视觉的影响力是非常大的。毫无疑问，服务人员的举止姿态是最容易被客户感知的，并且对印象的形成产生影响。培养良好的身体语言需要长时间的积累和认真的钻研，因为身体语言的表达在不同的领域有着不同的含义，甚至在不同的场合也会有不同的寓意。

　　现在很多服务型企业都很注重员工仪态礼仪的培养，学习如何正确地站、坐、行、走，但是却常常忽视一些错误的姿态。所以，服务人员既要培养良好的行为举止，也要留意不正确的行为。

第二节
亭亭玉立的服务站姿

某通信公司召开北方区客服大会，林先生应邀参加。大会在某会议中心举行，林先生到达后有服务人员专门迎接，引导至会议室。从迎接、签到和佩戴胸牌到引导前行，这一系列行为让林先生非常感慨："不愧是专业的会议中心，会议承接能力确实很强。"

是什么样的服务氛围触动了林先生并得到认可？我们来看看服务人员是怎么做的。

林先生的车子缓缓到达会场，会场门口一排身姿笔挺的安保人员映入眼帘。他们笔直的站姿让林先生产生了信赖感，其他工作人员也有条不紊地组织车辆停放，辅助下车，指引会场入口，一切井然有序，一气呵成。没错，好的服务让人如沐春风，乐在其中。安保人员的站姿也体现出了服务人员的专业度，严肃而不失亲和，职业又规范。

一、站姿的基本要求

站姿应该笔挺、端正、自然、稳重。塑造大方的服务形象，站立是最常用的一种姿态，但站得笔挺且有职业气质却不容易，只有经过学习和训练，才能展现出良好的职业形象（图4-1）。

第四章 · 优雅举止：仪态礼仪

图4-1

二、站姿的具体要求

身体站直、挺胸收腹、腰背挺直，双肩自然打开下沉，这样脖子就会很舒展。头要摆正，双目平视，面带微笑，微收下颌，这是一种谦逊而且亲切的姿态。双臂自然下垂，两腿尽量并拢，两腿关节与髋关节舒展伸直，身体重心放在两腿之间，肌肉略有收缩感。

● **头部**：抬头若悬，勿往前或下垂。

● **下颚**：下巴与地面平行，不宜高扬或过低。

● **脖子**：脖子应伸直，与身体形成一条直线。

● **肩膀**：双肩平衡、勿高耸，应自然并稍微向后展开。

● **背脊**：背脊挺直。

● **胸部**：打开肩膀挺胸。

● **腹部**：腹部微收。

● **腰部**：保持腰部挺直，才显得有精神。

● **臀部**：收缩臀部的肌肉并往前提，使臀部有紧缩感。

● **脚部**：双脚并拢，脚掌均匀踩实地面。

站姿练习方法：选择一面墙，背靠墙壁站立，让后脑勺、肩胛骨、臀部、小腿肚和脚后跟这五个点贴墙并在一条直线上（图4-2），下颌微微收回，可以尝试把手掌贴在腰和墙之间，一只手掌可以轻松进入的状态就非常合适。如果腰部空隙太大，可把手掌一直放在腰后，然后屈腿慢慢下蹲，直到腰与墙壁之间的空隙缩小后再站直，寻找站立时挺拔的感觉。

找到感觉后要经常练习，坚持不懈才能够有挺拔的身姿。好的仪态绝对不是一蹴而就的，就像林先生眼中的安保人员，他们站在属于自己的舞台上，一定也经历了"台上一分钟，台下十年功"的练习过程。

图4-2

三、女士站姿

服务人员的站姿可以传达很多信息，比如工作的专业性、敬业意识、职业素养和专业操守。有些站姿兴许只是细微的不同，却能更恰当地表达出对客户的礼貌和尊重。以下我们会介绍多种服务场合中的站姿。

（一）基本站姿

基本站姿是服务行业中各种站姿

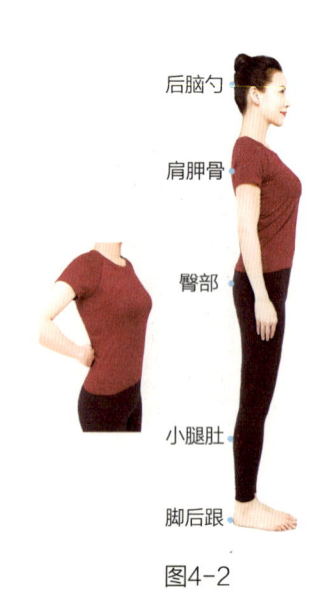

的基础形态，服务站姿、礼仪站姿以及交流站姿都是在基本站姿的形态上，改变手位、脚位，包括一些契合该服务项目的情感流露而形成。

基本站姿的动作要领：身体自然挺拔站立，双臂自然下垂，双脚并拢，重心分布在两脚，双腿尽量靠拢，腰部保持直立，挺胸收腹，双肩自然打开下沉，下颌微收，双目平视，面带微笑（图4-3）。

图4-3

基本站姿是所有站姿的基础，在晨会、例会时均可采用，酒店的明档厨师和服务管理者也可以采用。

刚刚参加工作的小金，应聘成为一家饭店的服务员。试用期还不是很熟悉工作流程的她，总会有拿不准自己到底该怎么站的时候。小金总是用手去卷衣角，或者扭捏地低头。在服务工作中她经常感到手足无措，不是因为不知道如何服务，而是不知道和客户交流时手放在哪里更妥当。因此，很多时候，在和客户交流时，她的手都会比嘴更忙。可见，知道怎么站也是服务工作中很重要的一课。

（二）服务站姿

相比基本站姿，服务站姿会更具体。它预示着服务人员已经做好准备带给客户热情的服务体验，双手叠放置于体前，通过肢体语言表达出服务人员的亲和与真诚。

服务站姿的动作要领：自然挺拔站立，双手虎口相交叠放于体前（肚脐下三指的位置），右手在外左手在内，右手食指的侧面贴于左手指根关节处，双手四指并拢，大拇指藏于掌心处，手掌尽量舒展，指尖朝向地板，手指不要外翘，这样的站姿会传达一种专业的感觉（图4-4）。

图4-4

服务站姿是服务行业最常用的站姿。在高铁和飞机上，常常会看到高铁门口和机舱口的服务人员都是以标准的服务站姿来迎接客户。同样酒店、饭店的前台迎候区；医院导医台的护士以及银行引导客户人员，都适合用服务站姿来迎候客户，既简单大方，又不失亲切与真诚，一个专业的站姿就足以让客户感受到服务的专业性。

（三）礼仪站姿

"礼仪"广义上泛指礼节和仪式。在服务场合，礼仪站姿要比服务站姿更庄重。

礼仪站姿的动作要领：自然挺拔站立，双手虎口相交叠放置于肚脐高度，右手在外左手在内，右手食指的侧面贴于左手指根关节处，双手四指并拢，大拇指藏于掌心处，大拇指可以顶到肚脐处，手掌尽量舒展，指尖朝向地板，手指伸直不要外翘或内扣。这种站姿既能够体现出职业特点，又能够烘托出气氛的隆重感（图4-5）。

图4-5

不同于服务站姿的生活化，礼仪站姿更适用于庄重和正式的场合。在重要会议的会场，总会有两排服务人员，以标准的礼仪站姿迎候每一位客户。我们也经常会在一些颁奖典礼上看到服务人员端庄且隆重的礼仪站姿。

（四）交流站姿

交流是彼此间的相互沟通。服务人员在与客户进行交流时，既要体现对客户的尊重，又要使自己的言语表达更有亲和力，提升沟通温度。此时交流站姿就恰好起到了既增加服务人员的自信，又拉近与客户之间距离的作用。

交流站姿的动作要领：自然挺拔站立，双手虎口相交叠放于腰际，右手在外左手在内，双手掌心向下，手背朝上，并且微微拱起，手腕下沉，整个手形像一座拱起的小山，手指自然朝向地面。这样的站姿看上去比较轻松，但又不显得随意，能够营造愉悦的交流氛围，即使长时间与顾客交流也不会产生距离感，是展现亲和舒服、自然专业的良好的肢体信号（图4-6）。

当然，女士的站姿不只手部位置会变化，脚的位置也是可以变化的。

第一种是正脚位：双脚并拢，大脚趾相靠，脚跟相靠（图4-7）。

图4-6　　　　　　　　　　图4-7

第二种是"V"字脚位：双脚跟并拢，脚尖分开夹角约30°（图4-8）。

第三种是"丁"字脚位：在正脚位基础上，左脚尖向外微微打开，将左脚跟放在右脚的1/2处，两脚之间的角度约60°，身体的重心要放在前脚掌（图4-9），当然，也可以选择右脚在前左脚在后的"丁"字脚位。

图4-8　　　　　　　　　图4-9

　　女士以上三种脚位的姿势在服务中都可以采用，依据具体服务环境、服务情形决定。在隆重的场合或超过两人以上集体场合采用"正脚位"，搭配服务站姿手形或礼仪站姿的手形，给客户的感觉既规范又整齐。拍照或相对正式的场合时可以选择"丁"字脚位，搭配交流站姿的手形，看上去双腿修长、身姿挺拔，还可以掩饰缺陷。在其他服务场合，采用"V"字脚位，搭配服务场合相适应的手形，会使人看上去既自然又规范。

四、男士站姿

（一）基本站姿

　　动作要领：自然挺拔站立，双臂自然下垂，双脚并拢，重心分布在两脚，腰部保持直立，挺胸收腹，双肩自然打开下沉，下颌微收，双目平视（图4-10）。

（二）服务站姿

　　动作要领：双脚平行分开与肩同宽，腿部

图4-10

肌肉收紧，大腿内侧收紧，髋部上提。脊柱伸展，后背挺直，胸腔打开，双肩下沉。左手在外，右手在内，左手在腹前握住右手手掌的位置，右手手指自然弯曲（图4-11）。

（三）礼仪站姿

动作要领：双脚平行分开与肩同宽，腿部肌肉收紧，大腿内侧收紧，髋部上提。脊柱伸展，后背挺直，胸略向前上方提起，双肩下沉。双手在背后腰际相握，左手握住右手手背的位置（图4-12、图4-13）。

图4-11 　　　　　图4-12 　　　　　图4-13

（四）交流站姿

动作要领：双脚平行分开与肩同宽，腿部肌肉收紧，大腿内侧收紧，髋部上提。脊柱伸展，后背挺直，胸腔打开略向前上方提起，双肩下沉。左手在上，右手在下，两手掌相握置于腹前（图4-14）。

男士在站立时，不同场合、不同服务环境，脚位也是不同的。

图4-14

第一种是正脚位：双脚并拢，大脚趾相靠，脚跟相靠（图4-15）。

第二种是"V"字脚位：双脚跟靠拢，脚尖分开夹角约60°（图4-16）。

第三种是平行脚位：两脚平行分开与肩同宽，脚尖向前，重心在两脚之间（图4-17）。

男士以上三种脚位的站姿在服务中都可以采用，依据具体服务环境、服务情形而定。

五、站姿注意事项

宋女士乘坐高铁出差，由于走的是贵宾候车厅，所以先于其他乘客几分钟到达车厢。展现在她眼前的是几个乘务员倚靠在座椅背部嬉笑聊天。看到宋女士上车，他们不紧不慢地整理起服装，走向自己的岗位。这样的状态直接影响了宋女士对高铁服务的信赖感。

无论何时何地，只要身穿制服，就一定要注意自己的一言一行。与其怕客户挑剔，不如从最基本的服务要求做起，从而改变自己，赢得客户。

图4-15

图4-16

图4-17

（一）倚桌靠墙少端庄

将身体倚靠在柱子、墙壁或桌子旁，看上去会非常萎靡不振，如果连自己的身体都支撑不住，又如何能让客户满意和信赖。除非身体情况不允许，否则不要借助外力站立，健康明朗的形象才符合客户的期待。

（二）随意摇摆少尊重

站立过程中要避免抖动双腿或晃动身体，这类动作千万不能出现在职场，否则会让客户觉得你是一个做事散漫同时对工作不重视的人。

（三）微小动作少信心

站立的时候要控制无意识的小动作。很多女性服务人员在与人交谈时会不自觉地摆弄衣角、抚摩发梢，殊不知，这样的动作虽然在生活中表现比较可爱，但在工作场合则显得不够端庄职业。另外，双手也不要抱在胸前，其实无论男女这都是一个抵抗和防御的姿态，很难让交谈对象感觉亲切放松，双手抱臂这种动作往往表示消极、抗议、防御等意思。

（四）驼背含胸少美观

驼背含胸的姿态让人感觉萎靡不振，穿再漂亮的衣服如果站得不够挺拔，看上去也不会好看，尤其是穿职业装的时候，职业的衣服加上优美的体态才能够相得益彰。站立时不要过于随便，驼背、塌腰、耸肩、两眼左右斜视、双腿弯曲都会影响站姿的美观。

站立是人体最基本也是最重要的姿态，不良的站姿会影响体内血液循环，可能会压迫内脏，引起消化不良，导致胃、肺等器官机能变差。在体态上，这样的行为会造成驼背、高低肩、肋骨外翻、骨盆移位、下腹肥胖等不良后果。

　　站姿是获得良好行走姿态以及得体坐姿的基础,所有好的体态都是从站立开始的。正所谓:"站如松",这样的站姿给人的感受总是健朗的。当我们与客户会面时,优雅的站姿就是我们与人交往的一张名片。可见正确的站姿对一个人是多么重要。

第三节
步履轻盈的服务走姿

很多人认为走是一个运动的过程,不像静止站立那么引人注目,因此常常被忽略。其实走姿是站姿的延续,最能体现一个人的心情、态度和修养。

一、正确走姿的自我评估

拿一双自己穿过三个月至半年的鞋子,然后观察鞋底,正常走路,双脚脚掌受力均匀的情况下,左右鞋底的磨损应该是对称的,磨损部位会集中在前脚掌和鞋后跟,如果磨损不是这种情况,说明出现了异常磨损,异常的磨损状况有下面几种情况:

(一)鞋底外侧磨损

如果发现自己的鞋底是外侧磨损的情况,多为内八字。常以这种姿势走路,容易使压力过多集中在脚外侧,增加其与地面的接触,使踝关节、膝关节压力增大,时间长了会直接导致小腿外侧肌肉发达,以至出现"O型腿"症状。

(二)鞋底内侧磨损

如果发现自己的鞋底是内侧磨损的情况,多为外八字,鞋底内侧着地重，外侧用力轻。久而久之会使小腿向内收敛，以至出现"X型腿"症状。

（三）鞋底两侧磨损不对称

如果发现自己的鞋底是两侧磨损不对称的情况，说明两只脚受力不均匀，有可能是两腿长短不一，也有可能是不良的走路习惯等原因造成的。

保持正确的走姿可以改善以上情况。

二、走姿动作要领

● 走路时双目平视，头正颈直，挺胸收腹。

● 两臂自然下垂前后摆动，前摆向里的幅度在30°~40°，后摆向后约15°（图4-18）。

● 行走时要保持平稳，腰部以下行动，双手要和谐摆动。

● 行走时身体重心稳定。

● 腹部和臀部要提向核心。

图4-18

● 由大腿带动小腿向前迈进，脚跟先接触地面，脚跟着地后将身体重心立刻前移至前脚掌。

● 在行进中使身体的重心不断前移，而不能把重心不断地放在脚跟上，行走轨迹为一条直线。

● 行走中两脚之间落地的距离大约为一只脚长，受不同性别、不同身高、不同着装的影响，落地距离会有些差异。

● 一般女性的步幅约为30厘米，男士的步幅约为40厘米。

晓婷是一家医美的咨询顾问，身材高挑皮肤白皙，长得也很漂亮，很多朋友都说她像模特，每次客户来咨询都会夸赞她。她的工作服是裙装，与她穿同样裙装的同事，裙子长度到膝盖处，而晓婷的裙子被她改成了超短裙。她每天接待客户走来走去，扭动着臀部，将双手摆向身后，两脚始终在一条直线上，走起路来自我感觉丰姿绰约。

有一天，一对夫妻来店里咨询，她一如既往地给客户指引介绍，没想到却听到女客户小声嘟囔："扭什么扭，不会好好走路？"

女客户之所以出言不逊，其实是因为她的视觉感受被冲击了，客户希望看到的服务人员是端庄大方、有专业感的，而不是穿着与自己工作不相符合的职业装摇首弄姿。

在很多服务型企业，领导总是会强调技术的专业性，包括很多银行的一线服务人员也确实有很大的压力。柜面上的百种业务他们必须烂熟于心，几天没来上班，再上班都会紧张，生怕哪些业务不熟练，或者对新业务不够了解。无论员工还是领导通通把注意力放在了业务的掌握上，却忽略了客户服务感受，而客户服务感受却是全方位的，包括视觉、听觉、感觉等诸多方面，业务精湛当然非常重要，但服务素养也很重要。

三、走姿的训练方法

（一）腰部力量

行走是全身协调性运动，腰部的控制力又是至关重要的。练习时，双手固定腰部（图4-19），感受腰部发力推动身体重心，自然迈步行走

（图4-20）。

图4-19　　　　　　　　图4-20

（二）脊背和脖颈的力量

在头顶上放一本书，走路保持脊背伸展，头正、颈直、目平，起步行走时，身体略前倾，身体的重心始终落在前脚掌上，在前脚落地、后脚离地的瞬间伸直膝盖，脚步落下时再放松膝盖，步频为每分钟100~120个单步。

（三）脚步力量

在地上画一条直线或利用地板的缝隙练习，两脚内缘的着力点力求落在直线两侧，保持好行走的轨迹和稳定性。

（四）全身的协调性

将一本书放在头顶，在上身不过分扭动的前提下，从腰部开始用力，自然有节奏地带动臀部，不疾不徐地行走；面部保持亲切的微笑，目视前方，将脚跟自然地伸出去，前脚掌再落地，步伐要矫健、轻盈、富有稳定的节奏感。

服务人员完全可以通过适当的训练来纠正自己的走姿。

第四节
端庄大方的服务坐姿

礼仪绝对不是仪态的负担，而是能够指导大家采用优雅、美丽、舒服、得体的身体语汇，使自己变得端庄的行为艺术。其所有的姿势一定是简单而方便的，像舞蹈家一样高难度的动作不会成为普通人礼仪的典范。但现在很多人，显然误读了礼仪，把它当作一项表演。比如坐姿，我们经常看到一些女性扭捏作态、故作优雅的坐姿，其姿势的难度之大，绝非普通人能轻易模仿，有时看到她们不协调地拿捏着姿态、僵硬地控制着身体，非常辛苦。其实过分强调动作美感的坐姿，反而会使交谈对象有距离感，坐姿礼仪讲究的是从容优雅，能够适用于不同的场合，使人们无论在什么样的场合都能给人舒适感。

因此，服务人员的坐姿强调的是大方、端庄，使客户产生受尊重的感觉。

一、女士坐姿

女士在坐着的时候膝盖永远都不能分开，因为这体现着女性的修养。腰背挺直，双手自然相叠放在一条腿上，背部直立不能完全倚靠在椅背上，坐满椅子的 2/3 即可。首先应从座椅的左侧入座，站立在椅子的左前方（图4-21）；然后右脚向右平行迈一小步（图4-22）；左脚向右脚靠拢，双脚并拢（图4-23），从正前方看在椅子的中间位置；右脚后退半步，感知到椅子的位置（图4-24），再用右手手背整理裙子（图4-25）；最后坐下，双脚调整为并拢状态，把双手放在一条腿上（图4-26）。要求动作轻盈而协调，任何时候都不能露出大腿，离开的时候也是从左侧离开。

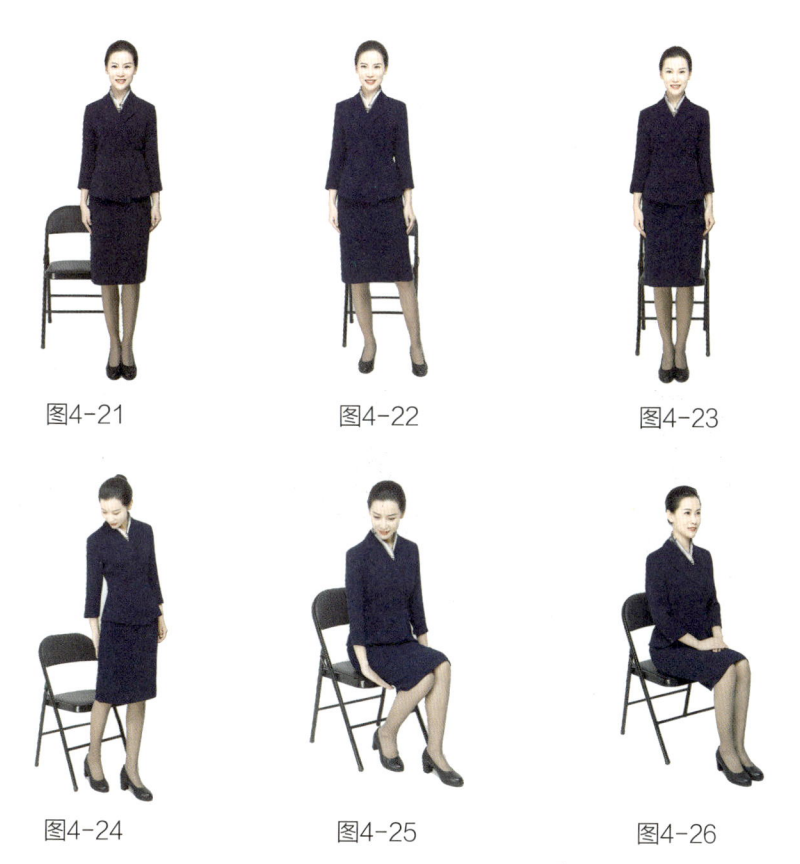

图4-21　　　　　　图4-22　　　　　　图4-23

图4-24　　　　　　图4-25　　　　　　图4-26

（一）正位坐姿

正位坐姿适合大多数场合，具体坐法是：身体的重心垂直向下，双腿并拢，坐在椅子的 2/3 处。大腿和小腿呈 90°角，双手虎口相交轻握放在左腿上，挺胸直腰面带微笑，一般在比较庄重的场合应该采用正位坐姿，在与客户交流时，这种坐姿传达的是一份尊重（图 4-27、图 4-28）。

（二）双腿斜放式坐姿

落座后身体的重心垂直向下，双腿并拢坐在椅子的 2/3 处，大腿和小腿呈 90°角，双腿平行斜放于一侧，双手虎口相交轻握放在腿上，右手在上，左手在下。如果双腿斜放于左侧，手就放在右腿上，如果双腿斜放于右侧，手就放在左腿上，挺胸直腰面带微笑。这种姿势适用场合非常广泛，在任何场合这都是女性最得体、最优美的坐姿，比如在与客户并排而坐时，建议女性采用双腿斜放式坐姿（图 4-29）。

图4-27 　　　　　　图4-28 　　　　　　图4-29

（三）双腿交叉式坐姿

这是一种既舒服又漂亮的坐姿。在落座后，将身体的重心垂直向下，双腿并拢，坐在椅子的 2/3 处。大腿和小腿呈 90°角，平行斜放于一侧，双脚在脚踝处交叉。如果斜放于右侧，则右脚在前左脚在后；反之，则左脚在前右脚在后。双手虎口相交轻握放在腿上，右手在上，左手在下，如果双腿斜放于左侧，双手就放在右腿上；如果双腿斜放于右侧，双手就放在左腿上。挺胸直腰面带微笑。这种坐姿适用于工作场合，如与客户或领导交谈时，采用双腿交叉式坐姿既不会太累又端庄自然（图4-30、图4-31）。

图4-30 　　　　　　　　　图4-31

（四）前伸后屈式坐姿

长时间采用坐式服务的女性建议采用这种坐姿，因为这种坐姿长时间保持也不会觉得累。具体坐法是：将身体的重心垂直向下，双膝并拢，坐在椅子的2/3处。左脚前伸右脚后屈或右脚前伸左脚后屈，双手虎口相交轻握放在腿上，右手在上左手在下，挺胸直腰面带微笑（图4-32、图4-33）。

图4-32 　　　　　　　　　图4-33

二、男士坐姿

在服务工作中，男士的坐姿只有正位坐姿。具体坐法是：身体重心垂直向下，两腿分开不超过肩宽，在椅子的 2/3 处稳当坐好，与人交谈或者会面时不要坐满整个椅面，把手自然地放在双腿上，大腿与小腿呈 90°。这种坐姿能够表现出男性的干练和自信（图 4-34）。

图4-34

三、坐姿礼仪

（一）恰到好处的入座位置

与客户交流时不能坐满整个椅子，若把身体靠在椅背上，脊背会因过分舒适而弯曲，整个人看上去会感觉精神不振。一般坐椅面的 2/3 就比较合乎礼节了（图 4-35），并且脊背要直立，这样显得很有精神。在与人交谈时，为表示重视，不仅要面向对方，还要将整个上半身朝向对方。

（二）干净利落的入座姿态

坐着的时候不能有太多小动作，其中最令人厌恶的就是抖腿，这是烦躁不安的表现，也是不礼貌的行为。如果与人交谈时抖

图4-35

腿，会使交谈对象认为这是逐客令。很多动作都具有传染性和感染性，抖腿动作尤为如此，会使看到的人感到心烦意乱，或产生莫名其妙的不安。另外，用鞋跟敲地面也是非常不雅的行为。哪怕敲击得如鼓点般富有韵律都是令人生厌的，因为这对他人来说是噪声污染。坐着的时候也不能频繁地更换坐姿，即使更换坐姿，幅度也不能过大。与人交谈时，无论采用双腿斜放式坐姿、双腿交叉式坐姿还是前伸后屈式坐姿，都应该将膝盖朝向对方，而将双脚放在另外一侧。不要为了更换坐姿而中止交谈，一边讲话一边若无其事地调整腿脚位置就可以了。切忌用上半身的力量来带动腿部大幅度地更换坐姿，确保不但要坐得漂亮，变换坐姿同样要轻巧自如。

（三）"左进左出"的入座规则

要注意入座的礼节，根据身份的不同以此引导对方入座。比如领导、长者、客户，要先请他们入座，然后自己再坐下。并且要记住从椅子的左侧入座，离开也是从椅子的左侧离开。入座和离座在挪动椅子时，要用双手搬起，动作要轻巧，不能拖拉椅子发出很大的响动，如果不小心使椅子在搬动时发出很大声响，要对其他人表示抱歉、失礼。坐下时要顺便整理衣服，如果有裙角被压在身下，也要不动声色地略微欠身整理一下，上半身仍要保持相对稳定。

我们常说的"坐如钟"，是指坐着的时候要有一个沉稳而从容的姿态及表情，看上去端庄而不做作。

第五节
舒适得体的服务蹲姿

蹲姿是服务工作中经常会使用到的一个肢体动作，但什么时候可以蹲，应该怎么蹲，却不是每个人都能恰当掌握的。

西安飞往北京的航班上，一个儿童在母亲的怀里睡着了，距离航班落地40分钟时，乘务员通知旅客，孩子也需要系好安全带。但旅客坚持不想叫醒孩子，并提出需要一条婴儿安全带。乘务员站在这位母亲的斜前方，自然蹲下，确保目光平视，首先表达自己能够理解旅客心疼孩子的心理，同时晓之以理、动之以情地对旅客说："家长最大的关爱其实是保障孩子的安全。虽然叫醒孩子，孩子可能会不舒服，但与孩子的安全相比，我们肯定要选择后者。我给小朋友多提供一个小枕头，让他能更舒服一些。"随后这位母亲叫醒了孩子，让他单独坐，并系好了安全带。

当乘务员蹲下来的那一刻拉近了与这位母亲的距离，也让之后的沟通更加顺畅，这位母亲感觉到被重视，没有什么比获得尊重更令人欣慰的了。对于一些涉及对方尊严和颜面的言语，或是客户比较私密的信息，服务人员如果能俯下身讲给坐着的客户听，对客户也是一种体贴和关怀。

一、职业蹲姿的基本规范

服务人员在工作场合应该采取高低式蹲姿，这样的蹲姿规范美观，而且最重要的是女性在穿裙子时采用这种蹲姿也会比较安全。

（一）女士高低式蹲姿

动作要领：下蹲时左脚在前，右脚位于稍后且平行的位置，两腿靠紧，身体垂直向下蹲。左脚全脚着地，小腿基本垂直于地面，右脚脚跟提起，右脚前脚掌着地。右膝低于左膝，右膝内侧靠于左小腿内侧，形成左膝高右膝低的姿态，臀部向下，基本上以右腿支撑身体。双手叠放在左腿上，上身保持直立，面带微笑（图4-36）。

（二）男士高低式蹲姿

动作要领：下蹲时左脚在前，右脚位于稍后的位置，两腿靠紧身体垂直向下蹲。左脚全脚着地，小腿基本垂直于地面，右脚脚跟提起，右脚前脚掌着地。右膝低于左膝，右膝内侧靠于左小腿内侧，形成左膝高右膝低的姿态，臀

图4-36

部向下，基本上以右腿支撑身体。左手放在左大腿靠近膝盖的位置，右手放在右大腿靠近膝盖的位置，上身保持直立，面带微笑（图4-37）。

拾取物品：服务人员需要下蹲捡拾物品时，物品在哪一侧就确保下蹲时哪一侧的膝盖低。如果需要拾取的物品在右侧，则左手放在左膝上，右手拾取（图4-38），反之，需要拾取物品在左侧时，右手放在右膝上，左手拾取。

拍照姿态：若是拍照等其他需要长时间保持蹲姿的场合，则双手虎口相对轻搭在一起放在左膝上，要使手指尽量舒展，不要蜷缩在一起或紧张地握在一起（图4-39）。

二、蹲姿练习方法

蹲姿的练习方法是在站姿的基础上，右脚后退一小步，两腿靠紧下蹲，保持脊背挺直下蹲，左腿高右腿低，再将左手放在左腿上，右手拾取地上的物品，然后小腿和脚用力向下，身体平稳起身。同样拾取物品，如果物品在身体左侧，则在站姿的基础上，左脚后退一小步，两腿靠紧下蹲，保持脊背挺直下蹲，右腿高左腿低，再将右手放在右腿上，左手拾取地上的物品，然后小腿和脚用力，平稳起身。

三、蹲姿礼仪

蹲下的时候，目光要先有所示意，千万不要唐突蹲下，令对方不知所措，在下蹲的时候动作应该保持一贯的频率，不能生硬下蹲，"蹲"的过程是优雅职业行为的展示。

捡拾物品时，要站在需要拿取物品的旁边，然后屈膝下蹲，物品在哪一侧就将哪一侧的腿放低，同时用这一侧的手去拾拿物品，另一侧的手放在同侧腿靠近膝盖的位置。捡拿物品的时候不要低头弓背，下蹲的时候要保持腰部的控制力，不要弓腰，否则会使上衣自然上提，如果露出腰部的皮肤或是内衣则非常难堪。两腿应合力支撑身体，稳定身体的重心，臀部不能向上翘起，以防走光，同时也避免不雅的姿态。

蹲姿是否优美，不取决于书面定义的哪条腿在前哪条腿在后，而是取决于下蹲的速度、方向和姿势。因此，蹲姿需要平时的练习，使之成为个人习惯，这样才能在拾取物品、帮助别人或照顾自己时蹲得从容不迫、大方舒展。

第六节
规范明确的服务手势

林女士在某高铁站询问工作人员哪里有快餐？工作人员伸直手掌指向前方的位置说："沿着这个方向一直走，这条通道的最里面就是美食区，大概需要走3分钟。"手势明确、指引清晰，顺着工作人员的手所指的方向望过去，林女士似乎看到了快餐店的招牌。

作为服务人员，在工作中使用规范的手势能让你更加直接、准确地表达服务内容。

一、手势的作用

（一）指示方向

乘坐飞机时，乘务人员迎接旅客，并及时分流指引旅客的座位位置，"您好，欢迎登机，请问您的座位号码是多少？请往这边……"乘务员需要用准确、规范的手势为旅客指引具体位置或方向。

在高铁、酒店、餐厅等服务场合，手势用于指示方向是最经常的举止。

（二）沟通交流

一个优秀的服务人员在与客户交流时不能仅仅依靠语言来进行服务，

而是需要借助多种表达方式来为更多的客户提供周到的服务。

贾女士自从开办网上银行业务以来，就很少去银行了，银行在她脑海里的印象始终是拥挤的人群、冷漠的服务、无人搭理的窘境和漫长的等待。所以，能不去银行她就不去。但这天她却不得不去了，因为客户要转一笔钱给她，而她并没有这家银行的银行卡，所以她只能去柜台办理开户业务。

贾女士带着一脸的无奈走进某银行，一进门就看到有两个客户在和大堂经理交流，她径直向里走，没期望有谁能招呼她。但令她惊讶的是大堂经理尽管正在和其他客户沟通，却依然用余光看到了她，并且冲她微笑点头致意，同时用右手做了个邀请的手势。这令她感觉很温暖，她愉快地走了进去，取好号码安静地等待。

其实为客户提供服务的方式有很多种，手势和表情也同样可以迎宾。

（三）提升形象

服务人员大多都非常注重个人形象，因为他们是企业和客户交往中向客户展示的一张企业名片。而良好的职业形象不单指大方的妆容和得体的穿着，还包括优雅的身体语汇，而手势无疑是服务人员在与客户交往中最经常使用的体态语，运用得体规范往往能够提升整体形象。

无论衣着多么规范，在与客户交流时用一根手指戳戳点点，职业形象顿时大打折扣。

（四）辅助表达

在服务工作中经常会遇到为客户指引方向、邀请客户入座或是提醒客户小心地面湿滑等情形。在遇到这种情况时单纯的语言表达往往不能准确地传达意思，需要借助手势来更直接、准确地表达服务内容，而且手势的合理运用会使简单的服务行为更具有品质。

二、手势的动作要领

（一）前摆式（以左手为例）

前摆式手势的动作要领：五指并拢，手掌伸直，大拇指轻轻靠拢，手、手腕、小臂呈一条直线且与地面平行，以肘关节为轴，由身体一侧自下而上抬起到腰部的高度，再由身前向左前方摆去，小臂平行于地面，手掌斜切于地面45°，肘关节距离身体一个空心拳的距离。眼睛看向手的方向，面带微笑，表达对宾客的尊重和欢迎（图4-40）。

图4-40

前摆式手势的注意事项：先言后礼，说话时眼睛看向客户，做手势时，眼睛看向手的方向。如果是引领客户前行，走出两步后，引领的手自然放下，并且在走出2~3步时回头关注客户是否跟上。

前摆式手势的运用：指引方向时使用，比如机舱门口的乘务员，会运用前摆式手势对乘客说"欢迎登机，里面请"；银行大堂的值班人员，会用前摆式指引客户，说"女士您好，请您到三号柜台办理业务"；接待对方公司的领导时，一句"×总您好，这边请"也会让初次到公司谈合作的客户感到宾至如归。

（二）前伸式（以左手为例）

前伸式手势的动作要领：身体面向客户，自体前伸出左手，五指并拢，掌心向上，大臂与小臂的角度为钝角，手掌、手腕和小臂呈一条直线并且与地面平行。另一只手自然下垂，眼睛看向手的方向，面带微笑，表现出对客户的尊重。手掌可根据所介绍客户位置的不同改变指尖及朝向（图4-41）。

前伸式手势的注意事项：先言后礼，说话时眼睛看向客户，做手势时眼睛看向手的方向。

图4-41

前伸式手势的运用：通常用在与客户面对面服务时，比如银行柜员接待客户时，起立迎接然后用前伸式手势致意"您好，请坐"。酒店的商务中心服务人员接待客户，也需要使用前伸式手势邀请，如："先生您好，请坐，请问有什么可以帮您？"

（三）上摆式（以右手为例）

动作要领：右臂从身体一侧由下而上抬起，右大臂与地面平行，五指并拢，手掌伸直，大拇指轻轻靠拢，手掌、手腕、小臂呈一条直线与大臂的角度为钝角，手掌心略微倾斜，手掌指向所指的位置，眼睛看向手的方向，另一只手自然下垂（图4-42）。

上摆式手势的注意事项：先言后礼，说话时眼睛看向客户，做手势时眼睛看向手的方向。

上摆式手势的运用：指示位置较高的方位时使用，比如高铁乘务员运用上摆式对乘客说："请您关注车厢前方的滚动屏幕和播报，避免下错车站。"这样做，即使是初次乘坐高铁的乘客，或是年长的乘客，都会多一份踏实；银行大厅的服务人员在引导客户观看信息屏的时候运用上摆式手势，能帮助客户快速锁定项目，提高工作效率。

图4-42

（四）下摆式(以左手为例)

下摆式手势的动作要领：将左手从身体的一侧抬起，高于腰部后，再摆向右下侧，使大小臂呈一条斜线，指尖指向地面或具体位置，手指伸直并拢，手、手腕与小臂呈一条直线，掌心略微倾斜，眼睛看向手的方向（图4-43）。

图4-43

第四章 · 优雅举止：仪态礼仪

下摆式手势的注意事项：先言后礼，说话时眼睛看向客户，做手势时眼睛看向手的方向。在指示脚下或低方位时，指尖不要正对着地面，避免客户产生不舒适的感觉。

下摆式手势的运用：提示脚下或较低方位时使用，比如旅客下飞机时，乘务员运用下摆式手势温暖提醒"您好，请当心脚下台阶"；酒店工作人员引导时也可使用下摆式手势提醒客户"请小心脚下，地面湿滑"。

（五）横摆式（以右手为例）

横摆式手势的动作要领：五指并拢，手掌自然伸直，掌心向上，手掌、手腕和小臂呈一条直线且平行于地面，开始做手势时，右臂从腹部抬起，以手肘为轴向一旁摆出至腰部，右大臂与身体距离一个空心拳的位置停止，头部和上身微向伸出手的一侧倾斜，另一只手臂自然下垂，五指伸直并拢，眼睛看向手的方向，面带微笑，表现出对客户的尊重和欢迎（图4-44、图4-45）。

图4-44　　　　　　图4-45

横摆式手势的注意事项：先言后礼，说话时眼睛看向客户，做手势时

眼睛看向手的方向。流动性的动作要做到一气呵成、不停顿，这样才更能体现服务人员的专业度。

横摆式手势的运用：在服务人员为客户指路的时候，横摆式可以凸显出客户明确的行走路径；在客户进出会议室或进出餐厅时，服务人员可以先打开门，再用横摆式邀请客户进出。

（六）回摆式（以左手为例）

回摆式手势的动作要领：五指并拢，手掌自然伸直，掌心向上，大臂与小臂的角度为钝角，手掌、手腕和小臂呈一条直线且平行于地面，小臂的运行轨迹为身体一侧（与身体正面成 45°）向体前摆动，另一只手臂自然下垂，眼睛看向手的方向，面带微笑，表现出对客户的尊重和欢迎（图 4-46、图 4-47）。

图 4-46　　　　　　图 4-47

回摆式手势的注意事项：先言后礼，说话时眼睛看向客户，做手势时眼睛看向手的方向。流动性的动作要做到一气呵成、不停顿。

回摆式手势的运用：指引方位、进出门以及进出电梯时使用，比如客户在进入会议室时，服务人员可以运用回摆式手势礼貌地说："先生，您好，请进。"

（七）直臂式（以右手为例）

直臂式手势的动作要领：将右手自身前抬起，五指并拢，手掌伸直，掌心向上，摆向指引的方向，手臂与肩膀同高，肘关节基本伸直，眼睛看向手的方向，另一只手臂自然下垂（图4-48）。

直臂式手势的注意事项：先言后礼，说话时眼睛看向客户，做手势时眼睛看向手的方向。

直臂式手势的运用：在比较宽阔的场地指引远处方向时使用，比如在停车场找不到会场所在的A座是哪个方位。停车场的安保人员可以运用直臂式，说"女士您好，A座就在右前方"。

手势礼仪在不同的场合有着不同的作用和体现。有时不同的手部位置就能体现出服务场合的隆重程度。比如，我们在日常工作场合中的接待，手势引领时，手臂只需放至体侧，不必总是放在体前，这样更生活化更自然，也不会让客户因为过于隆重而感到不知所措。相反，在大型仪式的现场，为了突

图4-48

出隆重度和对更多外来客户的欢迎，非引领的手臂就要一直放置体前礼仪站姿手位的位置，直到引领手势落下时。由此可见，手势礼仪应跟随不同场景，配合不同的仪态。

三、递、接物品的手势

（一）基本原则

用双手递送，并且要身体主动向前稳妥递送到客户手中（图4-49）。递送的物品要方便客户拿取，把尖刃或是不便于接拿的一端朝向自己，将方便接拿的一端朝向客户，确保可以顺利、方便接拿。如果物品较为锋利或是尖锐，应在递送前用语言提醒，如："剪刀比较锋利，请小心。"接拿客户递过来的物品，应主动上前，稳妥接拿，姿态稳定不轻浮，并且使用双手接物最为规范。

图4-49

（二）具体要求

递送文件或单据给客户时，用双手递交，具体方式是拇指在上、四指在下稳妥捏拿住文件，注意用目光示意，而后面带微笑递送到客户手里，需要客户签字或着重阅读某个部分，应使用前伸式手势指示给对方，并用语言准确地表达需对方配合的事项（图 4-50）。

图4-50

优雅规范的手势运用需要与目光和身体语汇相配合，应该面带微笑，身体略微前倾以表示对客户的尊重。

恰当得体的手势运用既可以体现服务的规格和品质，也可以带给客户尊重感、亲切感，手势的规范化运用符合服务需求，是服务工作中的有效沟通语汇。

第七节
亲切优雅的行礼方式

周末,刘女士和闺蜜一起去北京怀柔山里的农家乐用餐。车子刚驶入目的地,远远就看到门口有两位服务人员热情地招手欢迎。下了车,两位服务人员立刻迎上去,一路引领刘女士和闺蜜进入大院,院内两排服务人员用热情洋溢的声音说着:"欢迎来到咱家小院儿!"并行鞠躬礼,整齐划一的动作,让刘女士和闺蜜感觉隆重中又不失亲切与舒适。

点菜的时候,服务人员先是点头示意,随后又真诚地介绍着小院儿里的特色菜品,并提醒客户菜量大小。整个用餐过程让刘女士和闺蜜觉得小院儿里的每一位服务人员都和这山里的美景一样纯真质朴,又不失专业。刘女士和闺蜜决定下周带家人一起来感受这份美好。

对于服务人员而言,塑造被客户喜欢并信赖的良好印象非常重要,它会对接下来的服务交往产生较大影响,在最初相见的短短几秒钟或是几分钟里,殷切的服务态度往往是通过亲切友好的问候来传达的。

以下是适合服务人员向客户问候时的行礼方式,也是在工作中运用得最为广泛的行礼方式。

一、点头礼（注目礼）

（一）动作要领

点头致意是服务人员向客户问候或打招呼时运用得最多的一种方式，在行点头礼时一定要看着对方的眼睛，接着含笑低下头。要注意的是点头要配合目光和微笑，才能够起到良好的交流作用。

（二）点头礼仪

使用点头礼最恰当的时机是目光和客户相对时，或距离客户 3~5 米时，这时应主动采用点头礼进行问候致意。

与客户匆匆相遇的短暂瞬间可采用点头致意的问候方式。在电梯、楼梯间比较狭小的空间，也可采用点头致意来向同事或客户问候。

二、鞠躬礼

鞠躬礼起源于中国的商代，那时有种祭天仪式"鞠祭"。祭品通常为猪、牛、羊等，将其整体弯卷成圆的鞠形，然后摆到祭祀处奉祭，以此来表达祭祀者的恭敬与虔诚。后来人们逐渐援引这种形式来表达自己对地位崇高者或长辈的崇敬。低身弯腰，这是一种愿意把自己袒露和奉献给对方的象征，这就是鞠躬这一礼节的最初由来。其实，直到现在也有很多地区在逢年过节祭拜的时候，猪、牛、羊并不切块，而是把它们整个蜷成圆形，令其首尾相接，用来表达虔诚和敬意。

1912 年，民国政府成立，推行新文明、新礼仪，废止跪拜。鞠躬礼就成了很重要的行礼方式。

（一）鞠躬的含义

鞠躬可以表达尊重之情、礼貌之意，可以传达友谊，可以表示谦虚，表达感谢和深深的道歉等情感，是内心思想的一种外在表达方式。

行鞠躬礼是向他人表示尊敬、重视的一种礼节。鞠躬这种低身弯腰的动作是将自己的颈部伸出给对方，即将自己身体中最薄弱的地方、最重要的位置袒露出去，如果有敌人来攻击，就会失去生命。由此可见，鞠躬是一个非常隆重的礼节，当一个人把最薄弱的位置暴露出去时，所传达的信赖感是不容置疑的。

（二）鞠躬顺序

应该由地位较低的一方向受尊敬的一方先施以鞠躬礼。电视剧《觉醒年代》中，文人师生之间的每一次鞠躬都透着发自内心的仰慕和尊重，无数观众为之感动并留言。所以，只要是发自内心的尊重，对方一定会感受到你的真诚。对于服务人员而言，应该主动向客户行鞠躬礼，客户可以用欠身、点头、微笑等方式予以还礼。

（三）鞠躬的动作要领

1. 女士动作要领

● 双脚并拢。

● 双手虎口相对，右手在上，左手在下，交叠置于体前，鞠躬时保持手部位置基本不动。90°鞠躬时，双手保持交叠状态随身体前倾下滑至膝盖处。

● 头、颈、肩、背、腰呈一条直线，以髋部为轴，身体前倾。

● 视线随身体前倾看向地面。

- 除致歉外均需满面笑容。
- 先言后礼，先表达情感，再鞠躬。
- 行礼结束抬头时，要看客户的眼睛。

鞠躬完毕，身体姿态还原至双脚并拢、双手交叉置于体前的准备状态（图4-51）。

2. 男士动作要领

- 双脚并拢。
- 双手五指并拢垂放于身体两侧，在鞠躬时保持手部位置基本不动。90°鞠躬时，双手随着身体前倾下滑至膝盖两侧。
- 头、颈、肩、背、腰呈一条直线，以髋部为轴，身体前倾。
- 视线随身体前倾看向地面。
- 除致歉外均需满面笑容。
- 先言后礼，先表达情感，再鞠躬。
- 行礼结束抬头时，要看对方的眼睛。

图4-51

鞠躬完毕，身体姿态还原至双脚并拢、双手五指并拢垂放于身体两侧的准备状态（图4-52）。

根据行礼的原因、对象、场合来决定鞠躬的度数。将上半身向前倾斜30°，通常用于一般性的欢迎、问候；45°是用于感谢、告别时使用；90°大礼则是用来向别人表示感谢或道歉等，或是在重大的场合采用。

（四）鞠躬礼仪

行鞠躬礼也是有讲究的，如果接受鞠躬礼应以鞠躬还礼，正所谓来而不往非礼也。有时，我们在电视上会看到一些比赛，比赛结束主持人向选手鞠躬说："辛苦了，休息一下。"选手们回礼给主持人，然后面向主持人后退三四步转身离去。但并不是所有的鞠躬礼都要回礼，如果是上级或长者可不必以鞠躬还礼，而是用欠身点头或握手答礼。

一般而言，鞠躬礼一次就可以，不要反复鞠躬。礼数的周全不是靠数量来体现，而是靠恰当的礼节和得体的肢体

图4-52

表达。

在《弟子规》中，关于行为举止这样写道"步从容，立端正，揖深圆，拜恭敬，勿践阈，勿跛倚，勿箕踞，勿摇髀"。

很多时候仪态就是我们的一张名片，展示着个人风采，体现着服务态度，宣扬着企业形象和服务品牌。

第五章

服务流程，精益求精

第一节
客户服务的积极心态

战女士想利用午休时间学习瑜伽课程，她的很多同事都在这家酒店的健身中心利用午休做各种运动。她走进健身中心，询问了瑜伽课的位置，径直向里面走，她看到远处有一位工作人员，便连忙加快步伐。工作人员淡定地坐在工作台后面看着她渐渐走近，还没等战女士开口，工作人员便漫不经心地说："进门处有鞋套，麻烦您穿好鞋套再进来。"战女士瞬间感觉血液上涌。从她进门，工作人员就看见了她，但直到她走近才说要穿鞋套！

战女士："为什么要穿鞋套？"

工作人员："确保健身区域的卫生安全。"

战女士："你目不转睛地看着我走了几十米，为什么不在我进门时提醒？难道我走这一路就不违反卫生要求了吗？"

工作人员依旧淡淡地说："很抱歉，进入这里需要穿鞋套。"

战女士有点生气："我穿着鞋走进来几十米，穿着鞋走出去几十米，套好鞋套再走进来几十米……我理解卫生要求，也愿意遵守，但身为服务人员，你有没有一点主动服务的精神？我进门的时候，你可以大声提醒我，甚至我走到一半的时候，你也能迎过来提醒我，这些都能让我感受到你的服务意识……"

服务，就需要有多走一步路，多说一句话的精神。

战女士是位通情达理的客户，她愿意遵守有关卫生规定，只是当时没看见鞋套区域及提示。她的不满不是因为需要返回套上鞋套，而是工作人员目不转睛地看着她一直等她走到面前才提醒，这个行为背后是懒惰、冷漠和程序化的服务态度。

积极的服务心态不需要刻意地表达，而是在每个点滴的服务过程中，耐心地倾听、亲切地微笑、热络地回应……

一、快乐工作，保持积极的心态

积极心态是指在服务工作中能够保有乐观、积极、稳定、正向的心理倾向，它是良性的、具有建设性的心理倾向。不仅对自己的健康有益，还能提高工作效率。在工作中表现出来就是：在面对困难挑战和压力时，从积极的角度进行正面思考，这也是一种良好的生活心态。

生活和工作是琐碎的、复杂的，是充满挑战的，但以阳光的心态去面对，你会发现，很多事情并不像想象中那样困难，你的能力和潜力都超乎自己的预期。

服务工作不是为了取悦他人，而是善待自己。让阳光洋溢在脸庞，让热情荡漾在生活中，让人生更勇敢，这同时也具有积极的影响力和感染力。你发现了吗？当有人冲你灿烂微笑时，你总会不由自主地绽放笑容予以回应；当有人冷脸相对时，你的面孔也会瞬间暗沉下来。拥有积极的心态是一种主动的生活态度，对任何事都有足够的控制能力，反映了一个人的胸襟、魄力。积极的心态会感染人，给人以力量。

服务具有无法储存性，因为实施服务者的心情不同、时机不同、对象不同，这一次的服务很难和上一次的完全一致。但什么是可以保持一致的呢？态度。服务态度是无法隐藏的。在服务当中态度总是呈现出至关重要的影响力。同样是与客户握手，也许两个客户经理都做到了右手与客户相握、持续时间3~5秒、身体前倾、面带微笑，但由于手指弯曲程度不同，带给客户的感觉也不尽相同。用手指稳妥包握住客户的手，传递出的温暖和热情，客户是能够感觉到的。如果仅仅将手伸过去，手指僵硬冰冷，完全伸直，带给客户的感受则是冷淡和敷衍，这种问候和迎接的方式不但不会给客户带来好感，相反，会留下糟糕的印象。态度是自始至终伴随着服务的，有时，甚至不需要精心地设计服务产品，诚恳的服务态度之下，自然而然的行为同样具有打动人心的力量。态度是一种内在心理的表现，客户无法直接观察到服务人员的心理，却能从服务人员的言行举止中找到答案。

积极的服务态度会使客户有被尊重、被重视、被欢迎的感觉。客户感受良好，也有助于创造出彼此和谐愉快的关系。

二、充满激情，积极投入

不知道你是否也有过类似的经历，如果有些事情一定要做，选择积极快乐地投入，会让自己更加高效；如果有些工作必须要完成，选择充满热情地去做，会让自己感觉更加开心。毫无疑问，心态会决定结果。有时使我们疲惫的不是事情本身，而是做这件事情之前的消极心理。

服务具有互动性，快乐会传染，如果你是快乐积极的，客户也会随你一起感到心情愉悦。

试想一下，如果你入住一家酒店，在办理好入住手续后，来到房间，惊讶地看到楼层服务员端着一个迎宾茶托盘过来，对你表示欢迎之情并以茶待客，你会有什么感觉？第二天，你外出工作，回来后发现写字台上多了一个鼠标和鼠标垫，旁边还有一张字条，对你表示欢迎，并写道："发现您在使用笔记本电脑，因此给您配备了鼠标和鼠标垫以便您工作。"你的心情会怎样？第三天你发现自己感冒了，因为南北温差较大不太适应，你买了些感冒药，吃过药之后继续参加会议，回到房间不久，服务员敲门给你送来了一碗姜汤，对你说："看到桌上的感冒药知道您感冒了，特别请厨房给您熬了一碗姜汤。"你会不会感动？而这所有的一切，服务员都做得顺理成章、自然大方，毫无讨好做作之情，你能发现这些操作都是常规服务，但这些服务却具有创造性，它来自服务人员的智慧和关切的态度。这是真实的入住经历，一些网友把这样的经历发布到了网上。试问，下次去这座城市，是否会有更多的人选择这家酒店呢？

答案是毋庸置疑的。一次愉悦又美好的服务体验具有打动人心的力量，会使客户产生习惯性的依恋，下一次，他仍会选择这里，这就是服务的魅力及意义所在。

有时服务工作中的困难是服务人员消极的工作状态造成的，客户也许不是对服务产品、服务流程、服务内容感到不满，而是看到服务人员懒散的状态便开始隐隐不满,那么接下来的服务也许会变得艰难,因为在客户的潜意识里会留下一个负面印象——"这个服务员很懒散",随之而来的心理定式就会变成"看他做什么都很懒散"。

心理定式指心理上的"定向趋势",它是由一定的心理活动所形成的准备状态,对以后的感知、记忆、思维、情感等心理活动和行为活动起正向的或反向的推动作用。在客户服务中,客户对服务人员服务水平的评价,很容易受到"心理定势"的影响。比如客户喊"服务员",听到回应"等一下",客户的感觉就是"他不想服务",那么接下来客户就会在所有的服务程序中自动生成一个影子"他不想服务"。反之,如果客户喊"服务员",听到回应"马上来",客户的感觉是"他乐意服务",那么接下来他会一直戴着"他乐意服务"的"眼镜"看所有的服务程序。

万丽酒店客房中的电话上有一个键令人印象深刻,这个键在大多数酒店是"宾客服务中心",但在万丽酒店这个键是"乐意服务专线"。乐意服务,多么有激情的服务理念。

充满激情地面对每一天,元气满满地开始每一天,其实也是服务人员送给自己的最好的礼物。

三、善于倾听,积极回应

客户总是希望自己的声音能够被听到,自己的需求能够被知道,很多时候,客户的感受都隐藏在他的言语之中,如果善于倾听、善于感受、善于回应,就能够给客户留下积极主动的服务印象。

善于倾听客户的想法才能快速捕捉到服务的机会，有效地倾听客户的建议才能使服务符合客户的期待，不断发展客户和留住客户。

服务人员需要学会积极倾听，它是指：倾听者全神贯注，在倾听的过程中有回应、有回复，并调动自己的知识、经验、情感，大脑跟随运转。

（一）露出真诚的微笑

笑容，能够鼓励说话者，激发他的表达欲望。试想一下，如果客户与一个面带微笑的服务人员交流，心情肯定会不错，有谁会对着一张真诚的笑脸发脾气呢？

所以，我们在交流和沟通时，如果彼此带着微笑，对沟通将大有裨益。

（二）准备聆听的姿态

与客户交流时，倾听的一个很重要的标志就是能够暂停手边的无关事项，至少在客户最初开口时暂停一下，以示倾听，这也表示客户可以开口了。准备聆听的姿态包括心理方面的准备和必要物品的准备，比如需要记录时，要准备好纸、笔等。

（三）身体适当地前倾

如果想让对方感觉到友好的倾听氛围，服务人员只需在交流时将身体略微前倾，客户受到这种积极的行为暗示，表达也会更加流畅。而把身体向后靠，傲慢和拒绝的感觉就会油然而生。

（四）随声附和的音调

想要让客户知道服务人员在认真倾听，就需要做出适当的回应，比如随声附和"是这样""嗯，好的"。

（五）热情友好的目光

客户在表达时，需要用热情友好的目光注视客户，在语言交流的同时眼神交流也非常重要。当然，要视具体的交流内容而定，不需要自始至终盯着客户，尽量做到"散点柔视"。

（六）配合适当的点头

点头意味着"听明白了""听到了"，很多服务人员不敢点头，怕客户以为点头就是同意。其实在交流时，点头是一种礼貌，只是向客户表达你在倾听，并不会左右他对事情的判断。

古人云："信言不美，美言不信。善者不辩，辩者不善。"善于倾听的人一定是胸怀宽广的人，这也是服务人员的必备素质之一。善听才能善言，只有听才能使你了解得更多，所以，竖起我们的耳朵吧！

四、同频表达，积极服务

苏先生拖着行李一路小跑，因为机场高速路上有交通事故，堵车十分严重，到达候机楼时已经临近值机结束时间，他气喘吁吁地赶到柜台，上气不接下气赶紧递上身份证，值机人员马上站起来。

"先生，您去哪里？"值机人员快速询问。

"南京。"苏先生急忙回答。

值机人员一边坐下一边在电脑中查询，丝毫没有停顿，操作电脑和坐下两个动作同时完成，键盘声音连贯清脆。

苏先生长长地舒了一口气，看到值机人员紧张高效地行动，他也踏实了许多。

"还来得及,并没有截止办手续。您想要坐在靠窗还是靠走道的位置?"值机人员问道。

"靠走道。"苏先生快速回应。

"好的,行李需要托运吗?"值机人员一边操作一边询问。

"不用了,谢谢。"苏先生说。

"这是您的登机牌。从这里右转直走,10号安检是急客通道,飞机停在远机位,您过安检后离登机口有点远,您需要快一点。"值机人员贴心地提示道。

苏先生一边鞠躬说"谢谢",一边快步向安检口走去,值机人员的脸上也露出欣慰的笑容。

苏先生能够准时办理登机手续顺利登机离不开值机人员过硬的专业技能,这就是同频表达。

同频表达是积极的服务心态呈现出来的服务技巧,与客户的情绪同频、与客户的语速同频、与客户的表情同频、与客户的需求同频,会使服务变得更加高效、更加有意义。

认真做好服务工作就会赢得更积极的客户反馈。能够帮助客户,自己也会受到莫大的鼓励。服务的价值不也在于自己有能力获得他人的信赖和尊重吗?

只要你想,就有机会;只要你做,就可能成功。拥有积极的心态,生活和工作都将洒满阳光。

第二节
客户服务的语言艺术

某地一家餐厅的午餐时间,一个旅行团正在此用餐,当服务员发现一位七十多岁的老人面前饭碗空着时,就轻步走上前,柔声说道:"请问老先生,您还要饭吗?"那位先生摇了摇头,服务员又问:"那先生您完了吗?"只见那位老先生十分生气地说:"小姐,我今年七十多岁了,自食其力,这辈子还没落到要饭吃的地步,怎么会'要饭'呢?我的身体还硬朗着呢,不会一下子完的!"

由此可见,想表达同样的意思,收到好的效果,还真得讲究一点语言艺术,难怪人们常说"一句话惹人笑,一句话惹人跳"。那么,在服务中又有哪些语言艺术呢?

一、服务语言的使用特性

服务过程中的语言交际行为被称为服务语言,在不同的服务行业会有不同的服务内容和活动场景,也有与之相应的服务人群,这些要素形成了服务语言的自身特征。

服务人员的语言规范是指:服务人员在提供服务时,有声语言行为和无声语言行为应当遵守的基本准则。掌握这些规范要求将有助于服务人员在服务中更加有效地通过语言符号传达信息，提高服务的品质。规范的语言是服务型行业重要的工作手段，语言管理也就成为树立良好职业形象，提高服务质量，促进服务业发展的重要环节。

（一）礼貌性

服务行业语言的礼貌性体现了对客户的尊重，是与客户建立良好关系的保证，同时它也能反映出一个社会的文明程度，有益于产生良好的社会效果。

"七声"与"十字"的服务礼貌用语应该常常挂在嘴边，成为服务人员的一种表达习惯。

接待客户有"七声"：问候声、征询声、感谢声、道歉声、应答声、祝福声、送别声。

礼貌用语有"十字"：您好、请、谢谢、对不起、再见。

（二）情感性

古人云："感人心者，莫先乎情。""精诚所至，金石为开。"所谓"情感"即诚恳、亲切、热情。内心的真诚形之于语言，往往给人以很高的可信度，从而有助于双方产生心理认同和情感共鸣，促进人际交往活动的顺利开展。

作为一名服务工作者，语言艺术在服务中是最基础的，也是最重要的。语言得体、谈吐文雅、满面春风，能使人"闻言三分暖"，见面总觉格外亲。要做好服务工作，就要学好服务语言，掌握语言艺术，用礼貌、完整、规范的语言与客户交谈，并用含蓄、委婉、不会使人感到不舒服的语言代替不合时宜的语言。

（三）规范性

徐先生刚刚升职，邀请了几位朋友一起聚餐，服务员热情地把徐先生一行引领到雅间。由于室内温度较高，徐先生把厚重的大衣脱了下来，服务员连忙接过大衣，微笑着对徐先生说："先生，我给您挂起来吧。"徐先生一听皱了下眉头，因为心情不错就笑着问："你要把我挂哪啊？"服务人员一听，连忙解释道："先生您误会了，我的意思是帮您把衣服挂起来。"菜陆续上桌，席间谈笑风生，大家都很高兴，客人们纷纷对徐先生升职表示祝贺。这时，服务员见有一道菜已经空了，微笑着对徐先生说："先生，我给您撤了吧！""撤了？"在这个日子听到这样的话语，徐先生心中很是别扭，"我刚上任，你就要把我撤了啊？"大家看着服务员，眼神中透露着不满。

案例中的服务人员两次都征询了客户的意见，但是由于用语不完整、不规范引起了客人的不悦。

想要使服务语言巧妙得体，就要尽可能多地了解客户的基本信息及文化背景，真正做到语言得体，使服务工作顺利进行。

根据不同的服务场合、地点和具体情况，灵活地使用服务语言，能更快地缩短与客户之间的距离。

在服务中，服务语言艺术的不同运用，会给服务工作带来不同效果。一句动听、富有艺术的话语，会给企业带来很多回头客，而一句让客户不满意的话语，很可能让企业从此失去这位客户。

二、服务语言的表现形式

（一）清晰准确

服务不是演讲，服务人员在服务时只要清楚、亲切、准确地表达出自己的意思即可，不需多说话，重在倾听。让被服务者能在这里得到尊重、得到放松，释放自己的心理压力。

（二）语速适中

使用服务语言时需语速适中，有时需要适当配合客户的语速，进行灵活调整。语速太快，会让人感觉你不耐烦；语速过慢，又会让人感觉你业务不熟，做事漫不经心。

（三）音量适宜

传统服务是吆喝服务——鸣堂叫菜、唱收唱付；现代服务则讲究轻声服务，要求三轻——说话轻、走路轻、操作轻，为客人保留一片轻松愉悦的空间。

（四）清晰明了

一些服务人员往往由于腼腆，或者普通话说得不好，在服务过程中不能向客人提供清楚明了的服务，造成了客人的不满。比如报菜名，经常使客户听得一头雾水，不得不重复询问菜名。由此妨碍与客户客之间的沟通，耽误工作的正常进行。

为客户服务时，要使用普通话或规定的外语语种。声音要甜美，音量和语速要适中。字音要清晰，语调要分抑扬顿挫、轻重缓急，可根据当时要表达的内容来确定语速。与客户核对信息时，放慢语速，确保准确性。

三、服务语言的表达技巧

亲和的语言服务是优质服务具体化的表现形式之一，它要求服务者在对客户服务中不但要做到服务规范，还要在语言、眼神、行动等方面真正协调一致，设身处地地为客户着想，以主人翁的态度真正为客户创造一种宾至如归的感觉。对比下表中每组不同的语言表达，体会服务语言中的技巧。

事例一： 某天20：00，刚入店的客人站在房间门口高声道："服务员，我的钥匙怎么打不开门？" 服务员答道：	1．"请给我试一下好吗？"服务员接过钥匙一试，门开了，服务员回答客人："可能刚才是您使用不当，您看，门现在开了。" 2．"请给我试一下好吗？"服务员接过钥匙，边试边说："您将磁条向下插进门锁，待绿灯亮后立即向右转动把手，门就开了。"门开后，服务员将钥匙插入取电牌内取电。 点评： 第一种处理方式太过于直截了当，让客人面子上过不去，而第二种处理方式，服务员不动声色地纠正了客人不当的使用方法，既帮助了客人，又让客人免于尴尬，体现了星级服务的风范。
事例二： 有些司机送客下车后喜欢将车停在车道两侧，这样会影响车道的畅通。礼宾员在通知司机将车停到停车场时，不同的说法会起到不同的效果。	1．"对不起，这里不允许停车，请将车停到停车场。" 2．"对不起，这里是行驶车道，为了车辆和人身的安全，请将您的车停到停车场。" 点评： 第一种说法虽然事先表示了歉意，但有一些命令的语气，对一些不太好说话的司机，可能起不到太好的效果。第二种说法让司机感觉到，礼宾员是为他的安全考虑，自然配合其工作。

续表

事例三： 总台人员在办理入住时让同行的客人出示证件，而客人只愿出示其中一人的身份证，服务员这样对客人说：	1."住店客人必须登记，这是酒店（或公安局）的规定。"
	2."为了便于各位出入房间和在酒店签单方便，同时根据有关规定，请大家都出示一下证件，我们帮您登记。"
	点评： 第一种说法以"规定"来强制客人，让人不易接受，相反会产生抵触心理。第二种说法让客人感觉到，登记是为了方便自己在酒店的活动，是站在客人的角度着想的，也就容易接受了。

语言是人们进行沟通的最主要工具，服务时需要运用恰当的有声语言与客户保持良好有效的沟通。在说话时要注意，不同的语言表达方式给人的感觉完全不同，效果当然也不一样。我们在服务中，应从以下四个方面注意语言技巧：

（一）言之有物

即表达有内容、有价值。俗话说："与君一席谈，胜读十年书。"服务人员说话不可信口开河，东拉西扯，天花乱坠，给客户以华而不实之感。服务人员在为客户服务时应以热情、得体的言谈为客户提供优质的服务。总之，要让客户通过与你的交谈感觉到你是一个有文化、有品位的人。

（二）言之有情

即说话要真诚、坦荡。只有你真诚待客，才能赢得客户的友善。注意在与客户沟通时传递你热情、友好的情感，用你的真诚打动客户。

（三）言之有礼

即言谈举止要符合服务礼仪规范。中国是"礼仪之邦"，服务行业尤其讲究"礼"字当先。在和客户沟通时，一定要注意彬彬有礼。即使客户表现无礼，服务人员也必须始终保持良好的礼貌修养。

（四）言之有度

即说话要有分寸感。什么时候该说，什么时候不该说，话该说到什么程度，都需要细细考量。要注意沟通场合、沟通对象的变化。总之，恰如其分地传情达意才能有利于我们的服务工作。

酒店大堂电话铃声响起，预订818房间的客人即将到达，而818房间昨晚的客人尚未离开，其他同类房间全都满客。如何通知房间的客人及时办理退房，而又让他感受良好呢？

总台服务人员在放下电话后，立即拨通了818房间的电话，用专业而关切的声音询问道："您好！请问是王先生吗？我是总台的服务员，不知您是否方便告知我离店时间呢？以便我能及时帮您安排好行李员和出租车。"

"好的，我懂你的意思了，现在就可以帮我安排一辆出租车了，谢谢！"

古人云："言有尽而意无穷，余意尽在不言中。"有时服务需要婉转的语言，其实在与客户交流时，与谈话内容相比，客户更在意的是我们的语言表达方式能不能让人听上去更轻松、更容易接受。

服务语言是非常神奇的服务组成部分，有时一句话可以打动客户，也有可能激怒客户。因为"言为心声",客户总是能够从话语中捕捉和感受到服务的态度,因此,掌握服务语言艺术,给客户带来舒服愉快的服务感受是非常重要的。席勒曾说:"思考是我无限的国度,言语是我有翅的道具。"服务语言也是服务中有魅力的道具。

第三节
客户服务的接待艺术

服务人员每天都在与客户打交道，不仅要具有丰富的专业知识和技能，同时还要懂得合理分配精力，掌握服务的重点，控制服务中的关键环节。如果要求服务人员工作时全程面带微笑，这显然不太现实，不单服务人员承受不了，长时间僵硬的微笑也无法让客户感受到热情好客。

接下来就谈谈接待客户的基本礼仪。

一、迎宾的方式展现特色

（一）迎接的队形

迎接客户时各司其职又充满设计的站位，能够体现出隆重的待客心意。山东蓝海酒店就明确规定在午餐和晚餐时段，酒店高层管理人员均需要到一楼大堂迎接客户，每个前来用餐的客户都能感受到酒店"客户至上"的服务理念。人数能够体现出隆重的心意，得体的站位能够更好地展示出服务素养，包括客房的管理者也会参与迎接，这是非常好的服务理念，但因为每日值班人员不同，设计好站位才可多而不乱。

在一般性的迎接中，4~6人是一个合适的人数安排，人数太多会给客户压力。在进行位置设计时，可以采用以下几种方式。

1. 梯形站位（图5-1）

一般五人迎接时可采用这样的站位。其特点是非常隆重，客户进门看到三人并排迎接、热情致意，一瞬间的温暖会油然升起。三人并排站立距离门口至少保持两米远，距门口太近会让客户有压迫感。问候完毕，可承担接待和指引工作，即使有人因进行服务暂时离开，也要保持站位上始终有人，让客人一进门就有被迎接的感觉。门的两边各有一位工作人员执行开门、关门的协助工作。

梯形站位

图5-1

2. 钻石站位（图5-2）

一般有3位或5位迎接人员时可以采用这样的站位，特点是注重服务性。进门位置不是足够开阔时，就可以采用这样的站位形式：正面一位服务人员迎接、问候，靠近门两侧的服务人员负责开关门的协助工作，其余两位服务人员负责引导、指示位置。

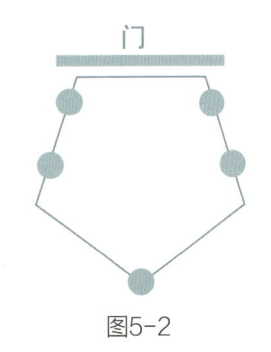

钻石站位

图5-2

3. 平行站位（图5-3）

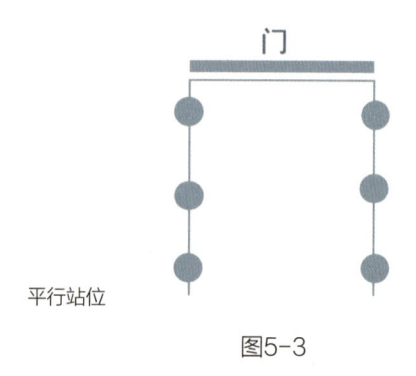

平行站位

图5-3

这是最为通用的迎接站位，迎接人员为双数时适用，可互相调整补位。此站位既机动灵活，又不失迎接的主动性和规范性。

（二）迎接的方式

很多酒店客房的迎接方式是：打开房门，灯光自动亮起，接着窗帘徐徐拉开，窗外的风景尽收眼底，电视机也会在一瞬间自动开启，屏幕上显示着"欢迎，××先生（女士）入住酒店"，无声的迎接仪式就如电影大幕一般有节奏地拉开，扑面而来，使人感动。也有些酒店会在客房里摆放一张手写卡片，上面有浓浓的问候和诚挚的提醒，让入住者感到有家人般的关切。

在一个周末的黄昏时分，一对老夫妇来到一家五星级酒店，他们拎着个大皮箱，问："有没有房间啊？"柜台内小赵答复："十分抱歉，今天没有房间了，周末需要提前预订。不过，我们这附近还有些不错的同级别酒店，要不要我帮您问问是否有房间？"老先生说："那好。"小赵先是掏出个卡片，签了个字，说："给您。这张是免费咖啡券，您二位到大堂吧坐一下，喝杯咖啡，我现在帮您查找附近的酒店。"这对老夫妇坐在大堂吧喝咖啡的时候，旁边的客人问道："先生，刚才你们讲的话我都听到了，您为什么不事先预订房间呢？这是家有名的酒店，今天是周末，很难有空房间。"老先生说："我儿子昨天打电话给我，叫我们马上过来，所以没来得及订房间。"就在这时，柜台服务员小赵走过来："先生您好，好消息，后面那条街的酒店还有一个房间，等级跟我们酒店是一样的，并且便宜20元，请问您二位需要预订吗？"老先生高兴地说："太好啦，我们需要！""好的，那您二位先慢慢喝咖啡！我去帮您确认。"不一会儿小赵又来了："那边酒店接您二位的车快到了，不过先生您二位可以慢慢喝，我会叫他们等您二位。"出门时，老先生连连感谢小赵："下次来，我们一定要提前预订你们的酒店，服务真是太好啦。"

迎宾的方式最能体现企业的服务特色，这样的迎宾方式细致入微，没有因为客户不住在自己服务的酒店就有一丝一毫的怠慢。

迎接的热情可以通过一些有设计感的物品来体现，比如欢迎饮料或欢迎果盘，也可以赠送酒店的吉祥物。在航空公司头等舱会有专门的迎宾酒、迎宾茶、迎宾特色饮等。当然，还可以利用服务空间的电子设备来体现，用音乐、视频、投影等方式表达出欢迎之情。

二、热情的微笑体现态度

热情相迎是中国人传统的好客体现，"有朋自远方来，不亦乐乎"，这是我们对客人发出的友好欢迎词。来者都是客，因此，我们要对所有客户都热情相迎、以礼相待。这样的态度需要通过某种形式去体现，比如语言、表情、行为等。

微笑是全世界共通的表情，它所传达的问候、欢迎之情远远超越语言，由衷的微笑所散发出来的魅力不是一两个词汇能替代的，同时这种视觉上给予客户的美好感受往往是最为令人印象深刻的。

客户如果一进门先看到了一张热情的笑脸，便在心里留下了美好印象，之后即便服务当中有些许疏漏或误会，客户也更容易谅解。

三、温暖的问候融洽关系

客户进来无人响应，对于客户来说是很大的心理伤害。客户不能接受的理由包括：服务人员推托工作繁忙或客人声音太小没听见等，这些给客户的印象就是"没有人来招呼自己"。

一声热情亲切的问候，往往是一次优质服务之旅的开端。问候语包括：先生您好、早上好、中午好、晚上好、国庆节快乐、中秋节快乐、新年好、欢迎光临等。

作为服务人员，在与客户目光接触或是碰面时有责任首先问候客户，用具体的行为传递出"全心全意为客户服务"的理念。但仅有热情还不够，服务人员想要获得理想的问候效果，还需要一些小技巧。

（一）主动问候

一般来说，主动地问候会给对方温暖的感受，也会在接下来的谈话中占有主动地位。问候服务是最容易赢得客户好感的一项服务内容，最得体的方法是见面时主动问候。在礼仪规则中是这样说明的：一般地位低者、年纪轻者先开口，或后进入者主动开口问候大家。

在服务场合，服务人员与客户见面应该主动问候客户，既表示尊重，又表达欢迎；在工作场合，同事之间，年纪轻者要先问候长者，尊敬长者是我们的传统美德。此外，还有一种场景——集体会面时，后进入的人要主动问候已到达的人，然后大家再回应问候。

（二）声音明亮

在与客户交流之前，客户的心态我们不可能预知，但一声响亮的问候也许就能将气氛和心情调动起来，就像阴霾多日的天空，阳光突现，令人不由欢喜起来。如果声音过小，对方虽然听到你说话了，但是又没听清楚，还要再追问一声"你说什么"，岂不尴尬，原本诚恳的问候反而变成了一种解释。更糟的是，若对方没听清楚，只看见你的嘴在嘟哝，也许还会误认为你在说什么不好听的话，不想让他听到。因此，问候的声音要响亮明确，将发自内心的热忱传达给对方，才能起到良好的沟通作用。

（三）形神兼具

问候的时候要注视对方的眼睛，明确而又坦诚地表达对客户的欢迎，同时这也是一种尊重。要微笑着点头、致意，这样的问候才能起到传达情谊的作用。单纯地用嘴唇生硬地表达有时就像是蹩脚的演出，反而会给对方造成不受尊重、被敷衍的感觉。因此，不要让"问候"流于程序、流于形式，缺乏了内心的诚恳态度，问候就像一棵储存一冬天的大白菜干枯而没有水分，即便吃也如味同嚼蜡。

（四）因人而异

问候的时候不能一概而论，接待客户时，要注意区别客户的年龄、性别、身份等综合因素。比如，老北京人爱用"吃了吗您？"打招呼，其本意仅是想表达"您好"。若是不了解当地文化背景，取其字面意思，回答一句"还没吃"，对方就糗大了。其实，南方人或是一些外国人不明就里，可能就真会误解为对方要请自己吃饭。

在服务场合，"您好，欢迎光临"这类语言就比较得体，是既不疏远又不干预对方私生活的泛泛问候。问候的时候应该报以善意的、诚恳的态度。

问候是简单却又不容易做好的事情，因为它的根基在你心里，只有发自内心的热情问候才能感染打动别人，一个简单明了的问候，可能会为你的生活增添良师益友，会使你和同事的关系越来越融洽、友好，会拉近你与客户的关系，使你的工作事半功倍。

四、适度的寒暄拉近距离

在服务中有时适度的寒暄是非常必要的，比如迎接后引导客户到相应区域，在行走过程中可以有适度寒暄，一言不发地行走意味着没有交流的意愿、心情极差，连话都不想说，同时意味着这个客户、这项工作完全激发不出讲话的意愿。当然，确实存在有些服务人员由于经验浅、年纪轻而不敢与客户寒暄的情况，但对客户而言，无声意味着怠慢。

比如，前台工作人员为来访客户提供茶水服务，如果工作人员默不作声地将一杯茶放在桌上，然后转身离去，一些客户可能会不知所措，不确定是否是给自己的，并且会有不受尊重的感觉；还有些客户专程赶过来，一路有些渴了，可能也就不计较接待人员的态度，端起茶杯就喝，但烫嘴的茶水可能会让客户瞬间怒火中烧。所以，在为来访客户提供茶水服务时，前台工作人员要将茶放在桌上，并用斜下摆式手势做示意说："请用茶。刚刚沏上，请小心有点烫。"这样服务有素的感觉会令人倍感舒适，这一杯茶的味道也会因此变得更为可口。

迎接客户时，寒暄方式有很多，比如"今天，天气有点冷""今天客人较多，您坐靠窗位置可以吗""您办理什么业务，有什么我能帮您的"……一句"您好"，无法传递内心的关怀，只有多一些真诚的寒暄，并且始终从关怀客户的角度切入，才能获得良好的迎宾效果。

五、大方的引导彰显素质

服务人员接待客户之后，通常需要为客户做引导或进行方向的指引。这一环节是不可缺少的，否则就会让客户有被怠慢和不被重视的感觉。在迎接客户的时候，简短的问候之后一般会说"里边请""这边请""您请"之类的引导语言，并且通过一系列细微的肢体语言进行明确引导（图5-4）。

图5-4

规范的接待流程是非常有必要的，任何一个环节的缺漏或者失误，都可能给企业带来不好的影响。

（一）引导位置

引导人员原则上站在客户的左前方，距离客户 0.5~1.5 米，传达"以右为尊、以客为尊"的服务理念，客户人数越多，引导的距离也应该越远，以免有厚此薄彼、照顾不周之嫌。

（二）引导语言

引导客户时要有明确而规范的引导语言，如"您好，这边请"。如果需要转弯则说"您好，请向左（右）转"。在引导过程中要尽量使用敬语，以表达对客户的尊重。需要提醒客户时，可以说"请小心脚下"等，确保客户安全。引导语言的作用是问候、引导、提醒，确保客户心情舒畅，安全到达目的地。

在服务过程中，引导指示语使用较为频繁。比如有客户来到银行，大堂经理会主动招呼客户并为客户指引方向："对公业务在 6 号窗口，您请往这边走。"客户到达酒店，门童需要为客户引导："先生您好，前台在里面，请一直向前走。"

在使用时，需在引导指示语的前面加上礼貌用语，比如"往前走"与"请向前走"给客户的心理感受会完全不同，尽管他们都是提醒客户向前走，但在客户听来一个是命令，一个是提供服务。

语言最能体现一个人的态度，客户可以从语言的速度、音量、语调中感受到服务人员的服务素养，因此，在使用指示语时要让客户感觉到亲切、友善。

（三）引导手势

在为客户做方向指引时，有时单纯用语言指示，效果并不好，必须配合以手势，让指引更加清晰明确，同时可减少不必要的服务。如果只是用语言说明，客户找了一圈可能也找不到位置，仍会回来询问，这样不仅造成二次服务，同时也会影响客户的心情。可能的情形下应该引导客户前往指定位置，如果不能离岗为客户服务，也要使用前摆式、横摆式或直臂式手势为客户明确指引方向。

（四）引导规范

1. 走廊处

行进于走廊时，引导人员应走在客户一两步之前，让客户走在道路的中央线，自己则走在走廊一侧，并与客户步调保持一致，要时时注意后面的客户，走到转弯处，一定要先停下来，转过身说："请向这边来。"然后继续行走。如果引导人员走在内侧则应放慢速度，如走在外侧则应加快速度。在转弯处时，应使用横摆式或回摆式手势为客户做出方向引导。

2. 楼梯处

当引导客户上楼时，如果位置比较宽敞，保持并排行走可以体现尊重和确保安全，如果走廊狭窄应该让客户走在前面，接待人员走在后面，确保安全，并且在开阔地带尽量保持并排，以便引导。若是下楼时，应该由接待人员走在前面，客户走在后面。上下楼梯时，接待人员应提醒客户注意安全。走到每一楼层时一定要先停下来，说"这是第 × 楼"，然后继续引导前行。

3. 电梯处

电梯处引导有两种情况：

第一种情况：引导至电梯口。到达电梯口，引导人员用靠近电梯按钮一侧的手指按动按钮，确保控制电梯门呈打开状态，请客人进入，客户进入后与其道别。

第二种情况：陪同进入。如只有一位客户上下电梯，则让客户先上下。引导人员用靠近电梯按钮一侧的手指按动按钮，另外一只手以回摆式手势邀请客户进入，然后紧随其后，进入电梯站在控制按钮附近，身体背对电梯壁，与电梯门呈90°角。如有两位以上客户上电梯，则要先说："不好意思，请稍等。"然后走进电梯，用一只手按住按钮开关，用另外一只手以横摆式手势邀请客户进入。电梯到达开门后，请客户先出电梯，等客户全部出电梯后再出电梯，须加快步伐走到客户左前方继续引导。

4. 会客厅

引导人员用前摆式邀请、引导客户前行，在行进途中需及时用斜下摆式手势提醒客户小心行走，以避免客户被湿滑的地面滑倒。当客户走入会客厅后，接待人员用前摆式手势指示，请客户坐下，看到客户坐下后，方能行点头礼而后离开。

5. 开关门处

在引导客户时，如果是手拉门，引导人员应在距离门1~1.5米的位置先提示客户说："请稍等。"开门后，用靠近把手的手拉住门，站在门旁，用回摆式手势请大家进门，自己最后进入把门关上。如果是手推门，引导人员应在距离门1~1.5米的位置，先提示客户说："请稍等。"引导人员推门进入后，握住门后把手，用横摆式手势请客户进来。这时身体的一半应露在门外，而不应仅从门后探出头来。

在引导时及时的语言提醒是最关键的，尤其在遇有拐弯、楼梯、开门等情形，更是要小心保护客户的安全。

六、规范的流程体现素养

流畅的节奏和规范的流程，最能体现服务的品质。让客户感觉良好不仅仅是某个服务细节做得多么好，而是所有细节串起的这条服务链是完美的。如果某个细节或是流程出现断裂，留在客户脑海中的就可能是个糟糕的印象，因为人们的记忆是有选择的，而对客户来说印象最深的往往是令其不满意的环节，而好的服务行为对于客户而言，则是理所应当获得的享受。

因此，服务讲究的是程序严谨、配合流畅。如果希望达到良好的服务品质，就需要对服务流程进行认真地梳理，减少不必要的环节，对重要的服务环节精益求精，并且将服务流程细化，使所有服务人员能够依据规范进行操作。单纯依靠语言的表达和约束，极有可能使服务变形、走样。服务规范制定得越严谨，服务也就越有品质保证。

严谨的工作程序往往是服务效率的体现，这一点在迎宾这个环节中同样非常重要。每个企业都有一定的接待程序，所谓不同，就是因程序的规范和细致程度的不同，导致服务的品质有所不同。没有流程就意味着缺乏一条服务流水线，那么服务的随意性就会增加，对于客户而言这就像是撞大运，运气好会碰到一个好的服务员，他依靠自身素质和想象力提供了令人满意的服务；运气不好碰到一个心情不好、技能不佳的服务人员，服务可能就会令人失望。这样的服务对客户而言就是不安全的、无保障的，客户将会选择其他企业。

在接待服务中，要坚持正确、健康的导向，热情大方、亲切友善，要将这一理念贯穿接待礼仪的各个环节。

第四节
客户服务的送别艺术

服务讲究的是有始有终，浑然一体的礼仪能在客户心目中形成良好的印象。客户认可某个企业的服务，绝对不会仅仅因为某个特色或是亮点，最终打动客户的一定是具有一致性的完整的服务。客户也许会被某个服务细节所打动，但这一定也是建立在总体服务水平能够被顾客认可或接受的基础之上。如果在整个服务链条中有足够令客户惊喜的服务项目，但也有令客户感到遗憾的项目，那么，客户为其打的分一定不会高，因为糟糕的服务会令客户印象更加深刻。服务是一个完整的循环圈，循环圈的每个点都很重要。

李先生来到一家点评网站推荐榜首的餐厅，用餐后感觉菜品确实出色，但是更打动他的是餐厅的服务，在结账后，服务人员仍然会随时留意，为他服务，离桌时，服务人员帮忙拉座椅，当他准备离开时，所有服务人员，尤其是刚刚为他服务的服务人员，都会暂停手上的工作，站立在门口或桌边，主管或领班也会在出口处欢送李先生，真诚地向李先生表示欢迎再来的热忱。门口的服务人员一直站在路边光线较好的位置，向李先生远离的身影挥手致意，看见李先生回头时，又会立即说："欢迎您下次再来！"

看似不经意的送别环节，客户却印象深刻，他将这段经历发布到网上和更多的人分享这种美好的服务体验。

一、热情饱满的送别服务

很多服务企业，在客户进门时待若上宾，有专门的迎宾人员、客户经理，甚至总经理都会亲自迎接并热情地问候："您好！欢迎光临！"隆重的30°鞠躬礼让人印象深刻，行走中遇到的每个工作人员也都会热情地问候"您好"。

但在消费完毕离开时却只有当前为其服务的工作人员说句"再见"，有时可能连这一句"再见"也没有，其他服务人员则对客户的离开视而不见，而当有新客户来临时，则又继续热情地高喊"您好，欢迎光临"，整齐响亮的欢迎语和默默离开的客户的背影形成巨大的反差。

因此，在设计服务流程的时候要避免给客户"来的都是客，走的只是人"的糟糕感觉，应把送别客户的流程设计得与迎宾流程一样饱满和丰富，让客户感觉到来和离开都受到应有的重视。

二、呈现一致的服务理念

北京冬奥会闭幕式上的《折柳寄情》给大家留下的印象颇深：一缕缕柳枝慢慢聚集，最后在舞台中央放射出由激光组成的"参天大树"，这棵承载着中国人民深厚情谊、直达天际的"激光大树"，不仅呈现了中国式的浪漫，也让我们看到了科技中蕴含的"诗和远方"，堪称科学与艺术的顶峰会合。开幕迎客松，闭幕折柳送，冬奥会的服务礼仪真正做到了有始有终，始终如一。

现在很多企业从服务管理者到服务执行者都非常关注迎接客户环节、营销环节及客诉处理环节，却常常忽视了一个事实：服务是从接到客户信息开始直至客户离开才结束的，甚至离开都不能算结束，还需要有一段客户维护期。但是现在很多企业都把大量的精力放在了服务中的某个环节上，却忽视了客户的感受，客户希望获得的是稳定的服务品质，也就是"全心全意为客户服务"的这种理念，在整个服务过程中客户都能感受得到，而不是只在某些环节感受得到。因此，在设计送别客户环节的时候要注意保持服务理念的一致性，自始至终将服务理念融入服务行为和工作流程中，才能带给客户满意的服务感受。

三、真诚持久的送别方式

（一）语言

客户到来时有问候声，客户离开时同样需要有道别声。声音的热情度、情感的饱满度要一如迎接客户时，甚至要更加积极热烈，以给客户留下一个深刻的记忆。有声语言是最容易被客户接收到的信息，即使和客户没有目光接触，一声清晰响亮的告别声，客户听到后也会予以回应。

很多服务人员在客户进门时，都能表现出应有的热情，而在离开时，热情就明显缩水了，态度也趋于冷淡，服务的意愿也不如客户刚进来时强烈，走的时候一句告别的话说得极其敷衍，似乎把客户迎接进来后，服务就基本结束了。这样一热一冷的强烈反差，破坏了最初给客户留下的美好印象，客户的心情也由此变得糟糕，最后只记住告别时那张面无表情的脸孔，至于最初的那张笑脸早已从记忆中抹掉了。很多糟糕的服务或是让客户产生一次性消费再也不愿光顾的失败服务都是因为不重视"收市服务"而造成的。

告别是客户服务中最能体现"末轮效应"的环节，因此服务人员应该重视这项服务。比如"先生再见，希望有机会再次为您服务""女士，请慢走，小心台阶，一路平安""感谢您的惠顾，请您走好"，会给客户留下良好印象。

但需要注意语言真诚，在向不同的客户道别时语言应有所不同，不能一句简单的"再见"一遍遍机械地重复，这样给客户的感觉像是听到电子版的复读声，毫无情感可言，客户也就不会回应。因此，只有那些有针对性的充满关怀感的真诚语言才会打动客户。

"宾至如归"的客户感受往往与语言的得体使用密不可分，其目的就是通过语言这个载体，让客户感受到家一般的热情、温暖、舒适和亲切。服务人员要把自己的感情融入对客户的服务中，从而使客户在享受服务时，感受到浓浓的、亲切而温馨的服务氛围。

（二）表情

单纯的语言表达不如配合点头致意或鞠躬致意更能让客户感觉到自己受到重视。

客户离开时礼貌道别，此时目光应注视客户，做到目中有人，千万不要把"送别"流于形式，不冷不热、没有任何感情色彩的"送别"服务反而会更加伤害客户。因此，当有客户离开时，无论在做什么工作，都应暂停手边的工作，空出几秒钟微笑着、看着客户说声"再见，请走好"。

（三）姿态

端正站好送别客户与歪着身子看着客户说声"再见"，效果会完全不同。端正站好其实是对客态度和服务理念的呈现，而不仅仅是一个站立的姿态而已（图5-5）。歪着身子、斜着脑袋看着客户，客户最直观的感受就是不被重视。因此，无论工作多么繁忙，都要暂停手头工作，并且挺拔站好向客户道别，而这个环节仅需要几秒钟而已，当客户从身边瞬间走过，你依然可以继续工作。总有些服务人员抱怨说工作太忙，如果每个细节都注意，那就几乎没有时间干活了，而事实上，这些细节恰恰是比眼前的"活计"更重要的"活计"。

随着经济的快速发展，各行业的竞争也愈加激烈，企业纷纷推出新的服务项目，但其实最能够打动客户的仍是

图5-5

"服务态度"。服务态度如何呈现？依靠的就是服务细节，而送别客户就是最重要的服务细节之一。企业应该重视每一次服务的"末轮效应"。"末轮效应"是相对于"首轮效应"而言的，强调服务结尾的完美和完整性，不能虎头蛇尾。

末轮效应的主要内容是：在人际交往中，人们所留给交往对象的最后印象，通常也是非常重要的。它往往是一个企业或个人所留给交往对象的整体印象的重要组成部分。有时，它甚至直接决定着该企业或个人的整体形象是否完美，以及完美的整体形象能否继续得以维持。

末轮效应理论运用在服务中，给我们的启示是：服务过程，必须有始有终，始终如一，因为它很有可能让客户记忆深刻。

郑先生和朋友到"很久以前"餐厅用餐，这里是一家主营烧烤的餐厅。进门时就受到迎宾服务生的热情迎接。

"先生您好，欢迎您，麻烦先打开健康宝扫码登记。"迎宾员是位男生，服务周到且恰到好处，接着他一边用手势引导一边询问"请问先生一共几位用餐"。

引导入座后，迎宾员的服务还没有结束，贴心地为客人倒上红枣茶，细心地将客人脱下的衣服放进袋子里，最后提醒"桌面有二维码，您可以扫码点餐，如果需要服务员点餐，请招呼一声"，然后致意离去。

服务员在协助烤串时，会拿出一个小喷壶，自己一边在客人面前进行手部消毒一边说"我将手部消毒，然后协助您烤串"。服务之前有提醒，工作之前有说明。除了好吃的呼伦贝尔羊肉，还有全程适度温馨的服务。

这是一顿愉快的午餐，带给郑先生和朋友美好的感受。

离开时，门口还是刚才那位迎宾员，他分别递给郑先生和朋友每人一包漱口水、一个奶片，然后询问："先生午餐还满意吗？"得到肯定的答复后说："谢谢您的光顾，欢迎下次再来。"

你来，我热情迎接，你走，我深情相送。不减分毫热情，不敷衍任何流程。这样的送别画面相信会定格在很多客户的脑海中。

服务是一个完整的循环圈，循环圈的每个点都很重要，客户到来时享受到了贵宾般的迎接礼遇，同样也希望离开时能够享受同样品质的送别服务。因此，在设计服务流程时，应根据企业的实际情况及想要向客户传递的企业文化，设计首尾呼应、品质一致的服务流程。

第六章

数字时代，
服务创新

第一节
数字时代，智慧服务

当今时代被称为数字时代。

数字图书馆、数字博物馆、数字艺术馆、数字动画片，VR人机互动场景等都对我们的生活产生了不可思议的影响，2020年出现的新冠肺炎疫情，让我们实实在在感受到了什么是数字生活，后来进入任何一个服务领域都需要"健康码"，学生开始了网课生活（图6-1），大众购物转向线上直播间（图6-2），企业开始了"云会议"。

2022年北京冬奥会期间，防疫机器人的出现也呈现了服务领域的智慧黑科技。当运动员以及相关人员进入冬奥村的时候，首先来迎接他们的是一个"智能防疫员"。它自带感知

图6-1

图6-2

设备，只要刷一下相关有效身份证件，就可以在对方不摘下口罩的情况下，快速对进入冬奥村的人员进行身份识别、智能测温等 8 项查验，全程的耗时控制在了 1 秒左右，同时对人体测温的精度达到了 0.2℃以内。"智能防疫系统"不仅能够有效地减少人员接触，同时还可以大大加快通行速度。

互联网不仅仅改变了人们的生活，也将深刻改变了社会的结构与运行方式。当然，在服务领域也出现了这样的变革与挑战。那么，在数字时代服务需要有哪些调整，礼仪如何与之匹配运用就是一个崭新的课题。即使是数字时代，服务礼仪也是需要温暖的、舒服的、安全的、有尊重感的，因为无论服务的提供者有什么样的改变，客户对优质服务的需求是始终存在的，数字服务时代的礼仪需要与时俱进、顺势而为，它可以使服务的提供者与被提供者彼此都有愉悦的心理感受，便于更好地建立服务关系（图 6-3）。

图6-3

一、数字时代，服务需要有态度

真正考虑客户的需求，真正把握服务的脉搏，这样的服务才是有意义的，我在许多机场见过休息室里的智能机器人，但能提供的服务却少之又少，因此，也很少有旅客会与智能机器人产生互动。在机场休息时人们最需要的不是了解天气情况、旅游热点、航空公司信息，而是能够提醒何时乘机、提供航班准备进度，甚至机舱载客率等与当前出行密切相关的服务，但很遗憾，智能机器人做不到航班信息提醒，更多时候还需要在人工窗口查询，如果它只具有"欢迎"和"新鲜"的功能，价值感就大大降低。由于航班的运行受天气等影响因素较多，航班延误时常会出现，所以，机场最迫切的服务是与"准时出行"有关，而火车站则不会有这样迫切的需求，因为铁路运行的准点率相对较高。

但是出现在商场里的小机器人即便功能不多，在商场自由行进的样子也能给顾客提供更多的乐趣，人们可以和它互动、可以扫码获得优惠（图6-4），很多小朋友也喜欢围着它，这样的存在就很有价值。

图6-4

应运而生、顺势而为是数字时代提供智慧服务的基本条件和基本态度。

高女士和同事一行入住西安高新区假日酒店，晚上高女士感觉有些胃疼，同事说他那里有缓解胃疼的药物，但因为各楼层房卡并不通用，没有办法给她送过去，两人在一楼大堂见面显然对于胃疼的高女士而言有点勉强。这时同事灵机一动，对呀，可以让机器人代劳。这果然是一个智慧机器人，它先去高女士同事那里取了胃药，然后又来到高女士的房间，把胃药稳妥送来。直到第二天，高女士都很感慨，智能机器人的服务太方便了，自己蓬头垢面的狼狈样子也无惧智能机器人的观赏，可以毫无负担地开门拿药。

二、数字时代，服务需要速度

2022 年北京冬奥会期间，引发运动员热潮的是一个泡茶机器人，那一段时间，品中国茶成了餐厅热门。冬奥村的智慧餐厅当中，没有厨师，也没有服务员，但却能够为运动员及冬奥会相关人员提供各式各样的中餐、西餐、鸡尾酒调制等服务，这些都是由大约 120 台餐饮机器人来完成，它们可以同时为数千人提供餐饮服务，并且全天 24 小时无休。

这是一项有效率、有速度的服务，也因此令各国运动员津津乐道。

如果优质服务都需要等待，可能就不太适合这个快节奏的时代，我们一直提倡慢生活，但似乎我们很难慢下来，我们习惯了三分钟的泡面，以至于买一个速食米粉需要泡八分钟都觉得太漫长了。看电视剧的时候，很多人都是倍速播放，很多学生听课也是倍速观看，瞧，我们的生活真的越来越快。和朋友打电话，寥寥几句寒暄之后，我们就会说直入主题吧，双方尴尬一笑，彼此默契地快速进入正题。

图6-5

在西贝莜面村餐厅，餐桌上有二维码，可自助扫码点餐（图6-5），进入小程序选择用餐人数（图6-6），然后进入点餐页面将选择的菜品加入购物车，还可以随时更换菜品直到最后确定下单，整个过程免去了让服务员点餐等待，也免去了客户有时拿不定主意，选择后又更换的尴尬，整个操作十分方便快捷（图6-7）。

图6-6

西贝莜面村餐厅很注重

图6-7

第六章 · 数字时代，服务创新

客户对服务速度的需求，餐桌上设置了一个沙漏计时（图6-8），承诺25分钟上齐所有菜品，在和顾客确认菜品上齐后，服务员潇洒地把沙漏放好（图6-9）。在等待期间，餐厅还提供了涂色活动，使等待时光变得有趣（图6-10）。

综上所述，数字时代的智慧服务必须保证相应的速度。

张小姐想买一款眼镜，于是她开心地在网上选购，因为现在有AR试戴服务，简直太完美了，她可以挑选不同形状的框架进行试戴，找到最适合自己脸型和风格的眼镜，更令她开心的是服务速度超级给力。8分钟时间她试戴了近20款眼镜，如果是在线下这几乎不可想象，因为销售人员要

图6-8

图6-9

图6-10

一款一款找来给她试戴。而网上试戴全无顾虑，不用担心太过麻烦销售人员，也不用担心自己戴上不好看，她甚至可以勇敢地尝试一些她从来没有戴过的夸张造型的眼镜。最后，她心满意足地完成下单，整个用时10分钟。对于她这样的上班族来说，时间成本是很高的，这样高效率的购物也是当代年轻人喜欢的方式，一方面，可以免去过多的沟通，减少不必要的寒暄，直接快速感受产品；另一方面，可以有更多的选择，确实特别方便。

但如果上述服务速度太慢，每一次试戴都需要等待，每一款眼镜的选取都需要对话框提示"确定"，每一次放弃客服都问"您真的残忍放弃？"每一次未成交的购物都弹出"您不再看看？"体验感就会大大降低，因为太烦琐、太卡顿、太缺乏效率的服务绝对不适合今天快节奏的生活。

无论是政府部门的"办不成事"窗口的出现，还是智能机器人越来越普遍，这些迹象都表明，企业必须在服务上多下功夫，才能够更好地迎接服务竞争时代的挑战。

俗话说，人就像冬天的刺猬，太近了刺人，远了又觉得孤独和寒冷。数字时代的服务设计需要讲究尺度，掌握客户的核心需求，把握客户的心理，才能使其为服务锦上添花。

三、数字时代，服务需要温度

乔先生生气地把手机扔在了桌子上，拿起水杯咕咚咕咚喝了几口水，然后念叨"什么破服务，太烦人了"。原来他在网上商城看中了一款卫衣，

第六章 · 数字时代，服务创新

尺码信息相对比较简单，但他喜欢穿得宽大一点，有点拿捏不准尺码，于是便和客服沟通。

乔先生："我想买这款卫衣，我身高 175cm，我喜欢宽大一点的衣服。"

客服："您好，175cm 建议 XL 号。"

乔先生："我体重 160 斤。"

客服："您好，160 斤建议 XXL 号。"

乔先生："我喜欢穿得宽松一点。"

客服："如果想了解尺码信息，请报出您的身高体重。"

乔先生："身高 175cm，体重 160 斤。"

客服："建议您购买 XXL 号。"

乔先生："我喜欢宽松一点的衣服，我肩膀很宽。"

客服："如果想了解尺码信息，请报出您的身高体重。"

……

这是一个智能客服，他们的沟通陷入了无效循环。

我们承认，数字时代的智能服务确实减少了人力成本，加快了服务响应速度，但如果只是加快了再次激怒客户的速度，反而会影响品牌美誉度，因为这样会给大家高高在上、店大欺客的感觉。在进行服务开发时，如果能够考虑到智能客服与客户交流出现重复性语言，就切入人工客服是不是更好，或者能够出现一些灵活的语言，比如，"我刚才的回答如果没有令您满意，请回复数字 1 立刻为您转人工服务，您对我们很重要，谢谢理解。"看到这样的文字，你的感觉是不是好很多呢？

某品牌的预售商品进行饥饿营销，设置整点抢拍，客户抢了5个商品就付了5次运费，这样的感觉实在很糟糕。品牌方赶紧道歉，采取弥补措施，首先，尽量给客户合并发货；其次，客户确认收货后合并发货的商品可以退运费。但糟糕的购物感受确实已经产生了，甚至会极大影响客户后期再次购物的意愿。

服务不仅要便捷还要有效，要知道不是所有的服务都是有效服务，那些让客户产生不愉快感受、让客户不能顺利接受的服务都是无效服务。并非你做了，你就对了，而是你做对了，你才真的对了。

"麻烦您往里面站一下，我要进电梯了，请把外边的位置留给我好吗？谢谢您的体谅。"听声音温柔清脆，看身影灵活机敏。这一幕让齐小姐看呆了，她不禁感叹：好可爱的机器人啊！它就是北京金茂万丽酒店的智能服务生。它的声音听起来很可爱，甚至还带点小撒娇，因此，当它也挤进电梯的时候，齐小姐满脸新奇，还不断回应"不麻烦，不麻烦，快进来。"机器人如此有温度的声音，如此有礼貌的语言，谁不喜欢呢？

随着数字经济成为中国经济发展的新经济形态，数字化转型便成为各行各业共同关注的方向。对于普通客户而言，则有了更丰富的体验，我们没有了钱包，我们习惯了网上购物，我们开始体验更多、更好玩的AR人机互动场景，我们开始越来越多地依赖自助式服务。生活发生了改变，服务的提供方也需要不断提升自己的服务技术，做到有态度、有速度、有温度。因为数字化时代的服务，不再是碎片化的售后服务或者某个阶段的

"小微"服务，而是贯穿于服务人员与客户交流和沟通的始终。为此，我们的服务产品设计也就必须基于客户更方便、更快捷、更愉悦的感受。没有一成不变的忠诚，客户也需要被培养和引导。我们要建立正确的目标，迎合服务的发展趋势不断向前。

第二节
直播服务礼仪规范

云南小哥一边气喘吁吁地走路,一边在直播间聊天,今天只有一种水果"凤梨释迦果",直播间里还没有上商品链接,主播穿梭在果园里。

有人问他"午饭吃了没"。

他说"吃了两个西双版纳小玉米算不算"?

有人说"今天这件棉衣好帅气"。

他羞赧地笑了笑说"新买的……"

吴小姐一般不发言,她来直播间就两个目的,看具有烟火气、热热闹闹的百姓生活,给儿子买超级好吃的云南水果。

云南小哥没有固定的直播场地,他的直播不是在果园就是在仓库,不是在路上就是在打包快递现场,这些真实的场景很有感染力。水果都是他吃过尝过现场展示过的,吴小姐买了一年多,从来没有踩过雷,并且吃到了很多北方没见过的稀罕水果。

这是下午她必看的直播,晚上吃过晚饭,她还会看另外两个直播,都是全品类直播,价格和品质都比较有保证,吴小姐家里面米面粮油、服装和其他生活用品都是在直播间买,因为直播间大部分情况是多份购买价格优势比较明显,并且直播间创造的"多份"机制也适合家庭囤货,第一份原价，第二份半价，第三份、第四份不要钱，这个机制让她再也不出去购物了。

如果问现在什么行业最为火热，直播间的大量兴起足以说明事实？在中国经济快速发展，通信技术不断提高，网络技术与平台不断提升的今天，直播间成了一种潮流消费场。主播们通过视频直播对商品进行近距离展示，实现"品效合一"。手机不离手的生活方式让人们也习惯了手机直播间的沟通模式和消费模式（图6-11），直播间也使人们的消费体验变得更加丰富，人们可以有一搭没一搭地聊天，可以看到不同地域的生活模式，可以看到产品的生产过程……直播间甚至增加了很多人的生活乐趣，成为他们下午的"肥皂剧"和晚上的"下饭菜"。

图6-11

直播带货的兴起（图6-12）为电商带来了新的模式。但在直播进入下半场之后，仅靠单纯的流量很难再提升销量。大浪淘沙之后直播间也有了越来越成熟的运作模式，直播间也开始越来越注重服务礼仪，主播们也从纯粹地强力推荐价格优势慢慢有了更加理性的成长，这种新业态逐渐走出新高度。

图6-12

直播间可以展示和销售的产品也超乎想象，除了常见的生活用品，酒店、旅游、教育，甚至APP的会员等虚拟产品、数字产品和服务等都进入了直播领域，直播服务质量也就显得尤为关键。归根结底，在直播间观看或消费，感觉舒服是第一要素，而服务礼仪自然就成了感觉良好的基础。

麦当劳的颜色非常具有吸引力，而且也是适合用餐的颜色。红色不仅吸引眼球，还能够提高人的心率，让人感觉很激动，黄色是一种让人联想到幸福和阳光的愉快颜色。颜色和品牌给顾客留下了极好的视觉效应，也让人对食物的品质不自觉产生了信赖。

直播间也不例外，注重直播间的形象和主播的形象及礼仪都会给客户带来良好的视觉效应。

一、直播间形象

直播间的环境选择以及场景布置要符合产品特色、符合主播气质，并且具有长期规划性。

（一）符合定位的场景

酒店的直播间可以在餐厅、会议室、客房，"眼见为实"是直播的特色，因此，大可不必坐在一个固定场景中介绍餐厅、客房等，看得到、听得到才更重要。以价格为优势的服饰类直播，甚至可以选择在仓库中进行直播，虽然场景不够华丽，但带给人的感觉是零售价等于批发价，没有中间商赚差价，可以立刻发货等。农副产品的直播间可以直接设置在产品的源头，蓝天、白云、果树能为直播间增添美妙的视觉。航空公司的直播间也不妨设置在训练中心，正在上课的准空姐、模拟舱，都令人们感觉新奇。有些地方特产的直播间就设置在热闹喧哗的集市，有一种眼见的繁华和生活气息，能听得到讨价还价声，也能听到大声吆喝叫卖声。场景的选择不必局限于某一处，但一定要符合企业的定位、产品的定位。

（二）具有辨识度的环境

看到极其简约的直播间，我便知道他们销售的产品具有极简的气质，这类直播间的特点是：白炽灯、白墙、克制的线条，再加一位言语干净利落的主播。另外一个主做母婴产品的直播间则布置得十分温馨，背景墙上有可爱的卡通小动物。

有一位美妆产品的主播，他的直播间有很多忠实客户信任他的推荐和讲解，他做产品推荐非常细致，有些描述与讲解来自他作为客户的使用感受，他的直播用词也很通俗易懂，很多人喜欢听他讲护肤和彩妆技巧，他的直播间俨然变成了小课堂的模样，甚至有了小黑板，形成自己独特的直播风格。

直播间要具备辨识度的色彩、风格以及场景布置，这样才会给客户留下视觉依赖。

（三）积极明亮的色彩氛围

毫无疑问，消费是需要好心情的，因此，直播间的主色调要尽量明亮，就像我们在阳光灿烂的日子总是喜欢微笑，创造明亮的色彩氛围，也会让客户眼前一亮。以销售和展示为主要目的的直播间是具有服务性质的，每个观看者都是客户，无非是消费场景从线下超市变成了线上直播间。因此，具有销售服务性质的直播间需要展示和创造积极明亮的色彩氛围。

二、主播形象

有一个专门卖手工辣片的直播间，背景是干净的白墙，右侧有一株挺拔的幸福树，植物旁边是一个长条几案，上面布置有温馨的小摆件。主播是一位男生，他穿着黄色的围裙，戴着袖套、手套和口罩，头上倒戴了一顶棒球帽，整个人看起来干净清新，说话时不急不躁，让人本能觉得辣片又干净又卫生。倒戴着的棒球帽和透明的口罩、手套，确保了食品制作的基本卫生要求，又兼具了造型的时尚感。

由此可见，主播的形象应该既符合产品定位，又要对客户充满尊重。

第六章 · 数字时代，服务创新

（一）洁净卫生

主播必须有良好的卫生习惯，讲究卫生也是对客户的尊重。男主播需要面容洁净、指甲修剪整齐、头发清爽有一定造型。女主播除了面容洁净外，适当化妆会令精神更加饱满。如果是做食物制作展示的直播，则一定要戴好帽子、口罩、手套，严格执行食品加工卫生要求。

（二）形象大方

越规范越持久，这句话用在主播形象塑造上也绝对适用，我们见过太多昙花一现的网红，而那些持久活跃的主播大多有大方规范的形象。

符合大众审美观的服装选择，可以令主播赢得更多人的喜欢（图6-13），同时需要考虑背景的协调，如果直播间是比较素雅的背景，那么饱和度很高的服装色彩就不太适合，色彩丰富的直播间，主播的服装也要有相对协调的色彩。每当临近春节，很多直播间都会布置得喜气洋洋，

图6-13

你会发现很多主播也都穿着红色的衣服,将春节的喜庆祥和与人们快乐期盼的心情诠释得刚刚好(图6-14)。

图6-14

作为主播,需要避免一些特别个性化的着装,比如过分裸露、过分奇特、过分低俗,以免引起观看不适。

三、主播礼仪

苏小姐很喜欢一个直播间,每次观看都觉得心情超级好,主播语速偏快,语调积极热烈,永远都有一种昂扬的状态,观看时会瞬间让人觉得人生必须轰轰烈烈,竟然莫名有种励志的效果。

(一)积极热情的服务心态

企业选择主播的第一要素应该是阳光积极,能够展示正能量的服务气质。正能量体现在服务的心态上,即始终要保持积极和热情,因为直播间的氛围极大程度就是由主播创造的,他的服务心态也很容易被感知。

一个女装销售直播间,2000多人在线,但回应不多,

一个客户说:"麻烦帮我试下12号西装。"

主播说:"好的,一会给你试12号西装。"

然后她继续讲解身上的衬衫,长时间的讲解及展示,并没有人对这件衣服提出需求和想法,陆续有人提出看6号商品、15号商

品等。但她继续展示她很喜欢的这件衬衫。

客户等不及了,说:"试下 12 号西装。"

并且这个信息连发了两遍。

她有些不耐烦地说:"按顺序来,一会就试。"

语调中完全没有理解和体谅,讲完衬衫她竟然直接开讲身上的西裤,客户开始陆续表达不满了。

案例中的主播明明可以穿着西裤配 12 号西装共同讲解,如此,既尊重了客户的需求,又可以顺利完成西裤讲解,但她整场给人的感觉就是"我有自己的顺序,你慢慢排队等着"。结果就是她越来越烦躁,客户也开始打出一些不够理智的文字……

这是一个糟糕的例子,它告诉我们:永远不要在直播间传递负面情绪。紧张的生活节奏已经够让人神经紧绷了,人们在直播间更希望获得的是快乐和放松。

(二)礼貌动听的服务语言

"拜托大家了。"

"谢谢大家的关注。"

"各位美眉,真的很抱歉,不能再加了。"

"辛苦大家,谢谢大家的支持。"

想必这几句话很多人在看直播的时候或多或少都听过。

礼貌用语就像柔软的垫子,让你每一个观点和想法温柔地着陆,让听的人感觉很舒服。它似乎没那么重要，但其实对于耳朵来说相当重要。

直播间里常用的礼貌用语包括：谢谢、拜托、麻烦大家、请、感谢、再见、拜拜等，甚至恳请、不好意思，也经常适用。每位来到直播间的客户都需要有被尊重、被重视的感觉。此外，直播间的语言应相对轻松，不必有板有眼，不必字正腔圆，在保持尊重感的基础上，可以更加调皮、随性。比如，直播间里，没有人称呼"女士、先生"，最喜闻乐见的称呼是"宝宝""美眉"，听上去是不是瞬间有被宠爱的感觉呢。直播间也可以适当运用一些网络用语，让直播更轻松、更具时代感。

服务语言的禁忌也需要注意，比如脏话、庸俗的语言、负面消极的语言、涉及政治宗教的语言、人身攻击的语言、片面的语言等都是不适合的。记住，主播的语言基调是"客户听了，感觉很舒服、感觉被尊重"，不符合这个基调的语言就是不合适的。

（三）充满能量的团队配合

有一个充满能量感的直播间，每次主播说"我们下一个试卫衣"，就会听到直播间至少三人以上热烈的声音"好的"，客户瞬间也充满了期待，还有一些直播间，每次上一个新的商品链接都会有自己的小口号，仪式感满满。

"非买不可。"

"千里挑一，不买可惜。"

"一心一意只宠你，美丽百货店。"

……

你能够同时听到几个人一起喊出这些激情话语，它们让客户在观看直播时有充分的被尊重感。直播间是一个团队的集合呈现，主播是最醒目的存在，但团队的声音也是具有感染力的。因此，直播间始终要有团队精神，及时补位，及时跟进，及时服务，缺一不可。

直播电商谱写了互联网时代下最新的狂想曲，在短短几年时间内，资本、品牌、MCN、主播不断涌入其中。直播电商的未来已来，在这样宏大的趋势之下，做好服务是赢得市场的关键。

第三节
移动短视频服务规范

短视频是指在各种新媒体平台上播放的、适合在移动状态和短时休闲状态下观看的、高频推送的视频内容，时长几秒到几分钟不等，但趋向越来越精准。

移动短视频的传播因为其短小、及时、有趣、亲和的特质被用户喜欢，通常几秒到几分钟的时间传递一个主题，其碎片化的内容、个性化的亲和表达方式、多维度的拍摄都吸引了用户的关注（图6-15）。

图6-15

《短视频用户价值研究报告2019H1》显示：结束一天忙碌的工作、学习和生活后，如果只能接触一种娱乐形式，四成网民选择短视频，占比超过在线视频。日均观看 10~30 分钟的短视频用户占比 32%，近三成用户超过一小时。2020 年 10 月 13 日，《2020 中国网络视听发展研究报告》发布，报告显示：网络视听用户规模突破 9 亿，通过移动短视频传播新的服务产品，展示服务内容越来越受欢迎，因为服务视频有了更多的角度、场景和方式，也赢得了客户的喜欢，甚至很多时候不需要加任何导语和文字，直接推送一段视频，客户打开后便一脸惊喜和快乐。

在观看"嘻哈包袱铺"的演出时，工作人员一直建议并欢迎大家拍摄小视频发布在个人社交平台上，喜欢的演员和喜欢的节目，观众随时可以拍照让更多的人知道，将快乐的瞬间拍摄下来发布出去感染更多的人，这是非常好的双向互动模式。

一、短视频的特点

受在线短视频的影响，企业也倾向于用移动短视频来直观地展示产品、宣传服务。

（一）便于操作

手机功能的极大提升，使短视频的拍摄变得更加容易（图 6-16），而移动端视频制作应用程序的强大功能也使得制作变得简单。专业的视频制作团队可能做得更加专业，但却未必能够做到随时操作，普通用户使视

图 6-16

频有了独特的味道，如今，只要有手机几乎人人都可以制作短视频。

（二）及时高效

手机的更多功能，让短视频也具有了及时高效传播信息的特点，一小段拍摄，几分钟的简单制作，甚至"一键成片"的应用功能，使得信息呈现出不可思议的传播速度，即时上传、即时观看、迅速扩散，视频的直观性使得传播变得更具有影响力。

（三）拓宽渠道

短视频的出现也使企业的信息传播渠道更多样化，它集情感价值、文化追求等为一体，也因此成为人们获取资讯的方式之一。

（四）用户依赖

短视频相对高频持续的内容输出，常常也会使企业的账号积累更多忠实的粉丝，丰富了新媒体原生广告的形式。大数据和算法分发技能也让不同类型的短视频可以精准直达受众，增强了用户黏性。同频、契合使得用户主动关注，企业的持续推送成了良性循环。不得不承认，当我们习惯了短视频的直接简单，很难再通过努力阅读文字去了解一些产品。毫不费力地"订阅"和"关注"，也使我们更容易依赖短视频，甚至不得不依赖。

二、短视频服务规范

客户角度的视频拍摄，有时是因为感受到快乐，有时是因为看到谁出糗，有时是因为某个服务项目太有趣，有时是因为感觉不舒服，这都有可能，但这是个人行为。比如，曾经有一个短视频内容是某个餐厅的"舞面"表演，表演者龙飞凤舞快速旋转面条，但由于拍摄角度的问题，除了有趣，也有网友在下面评论"我怎么感觉面条都是从脸上扯过的，脏不脏啊"，是不是有点像影视剧拍摄的"借位"，不同的机位会带来不同的视角。

服务蕴含许多微妙的感受，比如需要感觉安全、卫生、受尊重……这完全不同于搞笑视频，客户只是一笑而过，服务类的视频，客户本能会考虑自己下次去这里消费时的服务感受，会有一些联想和参与感。

与客户随机地拍摄、及时地发布有所不同，企业的移动短视频则需要有一些规范。

（一）安全性

企业平台推送的服务展示和服务现场的视频应该看起来具有"安全性"。生活节奏越来越快，客户的注意力时间也开始变短，那么短视频"短、精、小"的呈现方式就赢得了客户的喜欢。作为企业，推送的内容在考虑及时快速的前提下，也应有必要的审核流程。

一个旅游景点的短视频曾经吸引了很多人的观看，但遗憾的是观看的重点是"那个人站在那么高的地方会不会掉下去，有没有危险"。看起来"安全"是指客户在观看短视频的时候能够以轻松的心态获取信息，而不应让客户感觉紧张、刺激、费解等。服务类的视频必须保证视频中拍摄者、参与者在过程中都能够安全轻松，避免带来不必要的信息传播，保证主要信息的绝对突出。

（二）积极性

2021年12月15日，中国网络视听节目服务协会发布了《网络短视频内容审核标准细则》（2021）（以下简称《细则》）。《细则》规定，短视频节目等不得出现这样的内容："展现'饭圈'乱象和不良粉丝文化，鼓吹炒作流量至上、畸形审美、狂热追星、粉丝非理性发声和应援、明星绯闻丑闻""未经授权自行剪切、改编电影、电视剧、网络影视剧等各类视听节目及片段""引诱教唆公众参与虚拟货币'挖矿'、交易、炒作"等。

企业短视频的传播关乎企业的美誉度，选择的嘉宾、出镜的服务人员，拍摄的内容都需要审慎考虑。

互联网上是有记忆的，任何一次不恰当的内容传播都会造成口碑的震荡，比如，有一家餐饮企业上传了"晨会内容"，疯狂的员工对阵模式，让观看者无不震惊，可以上班"打鸡血"，但不能"太狗血"，所谓"团队建设"的内容也让人惊讶：餐桌下方匍匐前行进行比赛。作为餐饮服务企业，晨会中进行"服务规范"的训练似乎比这个更有意义。

确保短视频符合政策法规，确保其内容的积极性、正面性十分重要，服务就是要赢得人心，而人们也都喜欢那些积极阳光的内容。

（三）美观性

服务行业需要讲究企业形象和服务形象，企业也需要提高自己发布的短视频的美观度，使之与企业服务品质相得益彰。

一份菜肴，我们可以精心摆盘装饰，同样，一个视频也需要如此用心地呈现。服务是令人感觉美好的、愉悦的，视频的制作也应该呈现出应有的水准。

（四）规范性

规范性主要是指服务流程和拍摄中对服务流程规范性的呈现。比如，视频中有厨房的场景，必须符合安全卫生的标准，环境、人员和食物，每个视角都要绝对卫生。再如，新产品的展示，出镜的服务人员应该仪容整洁、仪表大方、仪态优雅，服务流程规范标准。

短视频使信息的传播变得容易、变得迅速，能够使优秀的服务产品快速发布广为人知，但也使传播无法做弥补，截屏、放大这些方法使得企业员工的失误和瑕疵会被无限放大，因此，确保视频中服务的规范性才能使视频传播有意义。

短视频内容的发展已经从野蛮生长过渡至良性发展，各类短视频规范的出台也倒逼内容生产的良性循环，聚焦短视频行业，服务企业更要注重短视频的品质，做到正向传播，体现价值。

第四节
新媒体服务礼仪

按照小程序预约的时间（图6-17），李先生来到位于购物中心的"优剪"发廊，这样的服务方式非常方便，几乎不用做太多的沟通和交流，男士的发型相对比较简单，在原基础上进行修剪即可，这里没有洗发按摩，没有推销办卡，也不会告诉你发质太差让你做个保养，有的只是明确清晰的目标"剪发"。理发师熟练地用喷壶将头发湿润，之后开始修剪（图6-18），必要的沟通也局限在"发型要求"上，沟通快速有效，剪发后，理发师用一个大吸桶吸走碎发（图6-19），然后用爽身粉轻轻为李先生擦拭，整个剪发过程20分钟全部搞定。

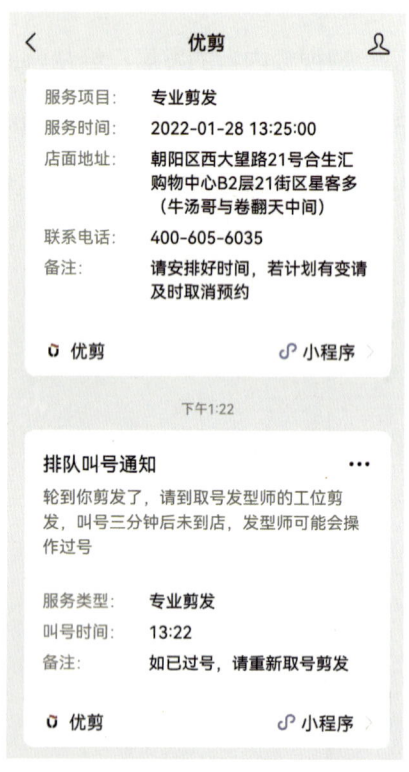

图6-17

第六章 · 数字时代，服务创新

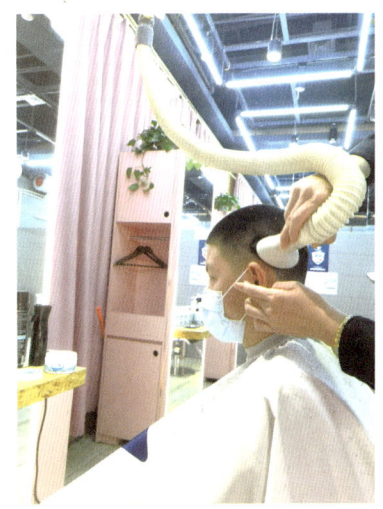

图6-18　　　　　　　　　图6-19

这样的剪发方式对于快节奏的上班族来说简直太完美了，以前每月一次的剪发成了一些男士的心理负担，不办卡价格就很高，办卡就像是一个无止境的连环套，拒绝推销是有些客户的弱项，但发现了"优剪"，很多男士感觉生活都变轻松了。

"优剪"的出现改变了美发的格局，给追求效率、时间紧张、不愿过多社交、厌烦办卡推销的人带来了便利，也打开了美发行业的另一扇窗。

一个小程序就打开了沟通的通道，多么简洁高效，通过"优剪"的小程序进行预约，客户可以根据自己的时间做出选择，几乎无须等待，大大节约了时间成本。

小程序成了企业与客户重要的沟通和服务媒介，这似乎成了一种新流行、新选择，对于恐惧社交的人群，对于工作劳累不喜聊天的人群，对于不善拒绝的人群，这都是一种快乐的选择。因为终于不用被迫聊天了。

小程序、公众号承担了越来越多的服务功能，也同时给了客户更多的选择自由。那么，它们需要注意的服务礼仪有哪些呢？

一、小程序服务礼仪

（一）把握特点，简洁高效

小程序是一种不需要下载安装即可使用的一种应用，它的核心理念是"用完即走"，它实现了任意应用"触手可及"的美好愿想，用户只需要扫一扫或者通过搜索即可打开应用。小程序有很多种类，而我们关注的是行业服务类小程序。

基于这些需求与特点，小程序的界面需要足够简洁清晰，因为不是长期订阅和关注，千万不要给客户增加学习如何操作的时间，界面越清晰客户越喜欢。减少页面弹窗、询问，也是客户对于小程序的需求，页面设计无须华丽，适合快速浏览和观看即可，很多时候复杂的界面会令观看不适，由于光线、视力疲劳、手机屏幕等原因客户在使用小程序时会特别希望清晰简单。

（二）温馨服务，打动客户

剪发 20 天后，李先生收到了一条"剪发提醒"，有如下信息：

为了保持你精致的形象，快来修剪造型哦。

上次剪发：2022 年 01 月 27 日。

距离当前：20 天（图 6-20）。

李先生摸了摸头发，好像真的该修剪了，忙碌的他赶紧拿起手机预约

第六章 · 数字时代，服务创新

了下一次的时间。

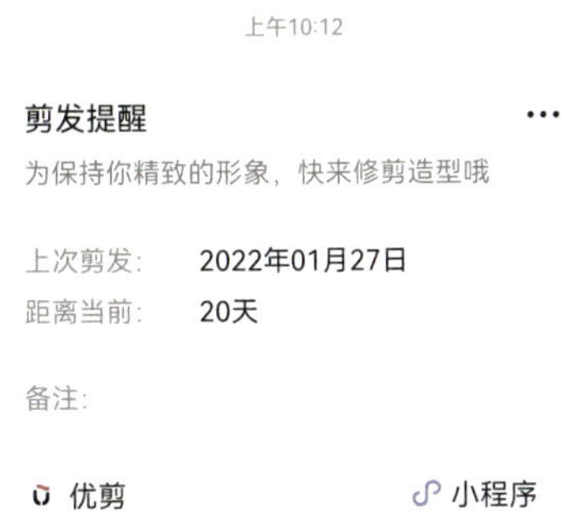

上午10:12

剪发提醒
为保持你精致的形象，快来修剪造型哦

上次剪发： 2022年01月27日
距离当前： 20天

备注：

优剪　　　　　　小程序

图6-20

原来小程序的服务也可以如此温馨，提醒只有一次，绝不过度，语言俏皮轻松，"为了保持你精致的形象，快来修剪造型哦"，只是增加一个"哦"字顿时感觉很轻松。

不过度打扰，适度的暖心提醒，这是小程序服务的优势，没有聒噪的声音，还可以使用俏皮轻松的语言，让客户完全不反感。

温馨服务可以体现在这样几个方面：

1. 注重服务节奏

适度提醒是必要的，但绝对不可以过多，小程序的沟通终究是单向对话，看不到顾客的表情，揣测不到顾客的态度，为避免引起反感，一定要控制好服务内容和频率。珍惜每一个客户是服务宗旨，根据服务对象的特点，注意控制好小程序的服务节奏。

2. 把握语言特点

如果面对面沟通，一个"哦"字感觉很撒娇，不太适合服务人员亲口说出，而网络用语则会比现实沟通更加亲密，你看，几乎每个上网的人都被称呼过"亲""宝宝""美眉""帅哥"等，这就是网络用语的特点，因此，小程序的服务语言设计可以充分考虑网络用语的特点，轻松俏皮适度亲密，但不可以使用粗俗、下流、庸俗、低级的网络用语，因为小程序也代表着企业的形象。

3. 塑造服务形象

小程序界面的设计要符合客

户定位和审美，以年轻女性为主要消费群体的企业，小程序设计的色彩风格等就应该具有温柔甜美的气息，会让客户有归属感。"优剪"的客户群体是男性为主，因此，页面设计极其干净简洁，一目了然。如果是面对面的服务，服务人员的形象是非常重要的服务内容，同样道理，从预约、点单、付款就开始服务的"小程序"不也要注重形象吗？界面舒服有趣，客户自然就愿意多看两眼，刚好戳中客户的审美和爱好，客户同样也愿意多看两眼，因此，"小程序"也是有服务形象的。

除了小程序之外，公众号的运营也成了一项重要的服务内容，也许在以前，我们认为公众号主要是发布消息、新闻、通知等，总之就是单向的发布，留言很多也就是自嗨，不具有太多沟通和服务功能。但是现在，公众号承担了很大的服务责任，也使我们必须将目光聚焦在公众号服务上。

"电话发我。"

深圳卫健委火了，因为一条答复。

某孕妇登录卫健委公众号，表示自己急需入院，但是核酸报告等了12个小时还没出，问咋办？

公众号马上回复："电话发我。"

公众号"深圳卫健委"绝对是政务服务方面的顶流。给了民众很强的公信力和服务精神，2022年深圳卫健委为社会提供了一个更高的政务服务标准。虽不曾谋面，但已在全国人民心中留下了一道热烈的痕迹，这是当今社会多么需要的服务精神。

二、公众号服务礼仪

（一）讲究工作效率

1. "及时关注"的服务速度

公众号不同于小程序的点对点服务，公众号的服务不是一个人在观看，而是许多人在注视，并且注视者也自觉认为自己就是当前客户，每一条留言都会被许多人浏览，每一条回复也都有可能被截屏传播。

深圳孕妇在公号留言核酸结果12小时没出来，小编6分钟回她："电话发我。"2小时后，这位孕妇就住上了院。这样的效率让我们惊叹。

公众号的服务一定要把效率放在第一位，做到有人关注有人服务，并且尽力做到能力范围内第一时间进行回复，哪怕无法当下决定或果断处理，"电话发我"就是一种快速服务，暂且不论后续的推进工作如何进行，第一时间进行有责任感地沟通就是服务。不必等到请示汇报有了结论再回复，也许那时更踏实，但等待回复的时间可能催化更多的不满。

2. "与我有关"的服务效率

公众号服务需要做到"与我有关"，只要与公众号的内容相关，无论是否当下有权利和有能力处理，都要有"这件事与我有关"的责任感，做预处理，做缓冲处理，做转移处理，第一时间回复，呈现出"我在，我负责"的公众形象，若开放了留言功能，那么，在可能前提下能回复就要回复，因为有互动才有更多的关注（图6-21）。

图6-21

图6-22

（二）符合网络特点

在网络上人们都喜欢那些幽默有趣的文字和图片风格，谁说发布的信息必须有板有眼，妙趣十足、与时俱进、轻松多样也是公众号的特点。

只要是积极的主题、传播正能量，文字和图片不妨多一点幽默感，让这个世界多点欢乐，这也是一种网络服务风格（图6-22）。

比如"太二"酸菜鱼的公众号就非常有特点，以图为主，让人感觉轻松愉悦。而它的留言服务也秉承着"太二"的风格：让生活多点快乐。

2022年2月21日，太二发了一篇名为"明天很多222222222，搞点事情"的推文，只有图。

但我们都看懂了，图片开头一句"今天星期二，吃什么好"，接着是很多无厘头的图片和对话，让人忍俊不禁。留言区出现了很多开心的留言。

留言：小时候去海边玩，呛到海水咸咸的，问爸妈"大海那么大，得往里倒多少盐才能这么咸啊"，现在回想起来觉得当时自己真是够二的。

太二（作者）回复：爸妈真好，没告诉你那是打工人的眼泪汇聚成的。

留言：大声跟着服务员小哥一起喊上菜口号算吗？

太二（作者）回复：拿走哥的金币，每周吃鱼喊口号去。

留言：来分享一下我的"二"老爸，生于1962年2月22日，今年60岁在2022年2月22日星期二光荣退休。史上最"二"。

太二（作者）回复：收下哥的金币，带上老爸吃鱼。

……

看过上边的留言及回复，请问你是不是有满满的被重视感。虽然没有进店，但仿佛已经享受了"太二"的超级服务。"太二"公众号的每一条留言都很有趣，客户也愿意来互动，像朋友一样，在这里除了吃酸菜鱼之外有了更多的快乐，这就是"太二"的公众号服务：幽默、快速。

相信在未来会有更多样的新媒体服务形式出现，但毫无疑问，重视新媒体的服务，把握非面对面服务的特点，掌握网络流行趋势，对于提高服务品质是至关重要的。

第五节
客户投诉管理

肖先生在"双十一大促"时买了沙发、衣柜和餐桌椅，来自三个不同品牌，由于家里装修尚未完成，在下单时他特别注明了"等待通知再发货"，装修终于进入收尾阶段，他想提前通知商家备货。

肖先生给客服发出消息："3月5日后可以接收快递，家里装修已经基本完成，可以制作准备了，谢谢。"

然后他收到三条回复。

A：提前15天再通知就行。

B：好的，登记了，放心吧，准时发货。

C：好的，记下了，提前15天再确认一下。

看到回复，肖先生的心情很复杂，作为客户，他希望通知后客服能够做好备注，这样可以减少沟通和回复，他也省心，但，显然 A 客服感觉很麻烦，因为比预期时间早了几天，但为什么不能在系统中做一下备注呢？B 客服的回应他最省心，耐心等待收货就可以。C 客服感觉很负责任，但再次确认有无必要呢？反正他也可以接受。

三位客服三种处理方式给客户带来三种感受，这很微妙，似乎满意与不满意之间的天平很容易就倾斜，一个词一句话就能够导致完全不同的结果。

投诉已经不仅仅局限在面对面地提出，网络上的投诉也很多，影响面更大，客户甚至每次购买前都要先看看商品评论，因此，服务好每一位客户自然就显得尤为重要。

史蒂芬·柯维在《高效能人士的七个习惯》一书中指出："你必须把每一次人际交往，都看成是在他人情感账户内存款的一个机会。"情感账户是对于人际关系中相互信任的一种比喻，是情商中的一个重要概念。我们将人际关系中的相互作用比喻为银行中的存款与取款。"存款"可以建立关系、修复关系，"取款"使得人们的关系变得疏远。

在客户服务中，这种情感账户对于服务质量的评价至关重要，感觉对了，一切就都对了，要知道客户的消费不仅仅包括产品，还包括与之密切相关的服务。

举例来解释情感账户，假如客户扫码进入一个小程序：找到自己需要的服务项目——选择填写——填错一下返回——彻底退出了，所有都要重新再来，客户的心情瞬间跌到冰点，此时客户和商家的关系出现了不平衡，如何维持平衡，商家需要赶紧"存款"，怎么"存款"？在接下来的服务中让客户感觉好，就是"存款"。一定要小心，在没有"存款"的状态下，一点点服务的不足都有可能引发投诉。

客户的情绪是我们在服务过程中需要始终关注的，所有的服务行为最终的目的是使客户获得良好的服务体验。所以，安抚客户的不满、消除客户的误会、抚平客户心中的服务裂痕，是每个服务人员都应该掌握的技能。

一、顾客为什么抱怨和投诉

（一）求尊重的心理

客人投诉，其实是渴望得到同情和尊重。

刘先生感觉会议室里有点凉，夏天的空调开得有点大，而他穿得较为单薄，忍了一会儿还是很凉，他把服务员叫了过来。

"你好，空调能不能调小一点，太冷了。"

"先生，刚才那边的客户还嫌热啊，这个温度普遍感觉还可以。"

"确实有点冷，适当调高一度吧。"

"很抱歉，这是中央空调，我们控制不了。"

"什么态度，你就是来抬杠的吧，我说冷，你说不冷，我说调高温度，你说做不了……"

客户的愤怒并不是因为服务人员没有调高温度，而是没有受到尊重，客观条件限制无法单独控制某个空调他可以理解，但服务员的态度就是"没办法、做不了"，完全没有听到客户的心声，只是回答问题而已，至于客户是否理解似乎与他无关，这种潜在的态度便通过语言信息传递给了客户。好的服务人员会体谅地解释一下："您这个位置确实有点凉，我帮您换下位置或者给您倒杯热水行吗？很抱歉，中央空调没有办法单独控制某个区域，一般来说，到上午 11 点多温度就会明显感觉高了。"

尊重客户就是听到他的诉求，即使无法解决，也能理解他的感受。

（二）求发泄的心理

客户的投诉不是要引发争议或骚乱，我们在和客户沟通时一定要先辨别对方的想法，有时客户感到不满意或在服务中受到伤害，其实是特别希望有人了解他的委屈和遭遇，希望能将心中的怒火发泄出去。

于小姐打电话问酒店游泳池是否正常开放，每天的开放时间等信息，确认晚上9点游泳池关闭后，她带着儿子开开心心出去游览了。晚上8点收拾好东西去游泳，在健身中心服务台，他们却被告知不能游泳了。

"女士您好，请问您有预约吗？"客服问。

"需要预约吗？人很多限流吗？"于小姐说。

"哦，不是人多少的问题，使用游泳池需要提前预约。"客服回答。

"我昨天打电话咨询，没有人告诉我需要预约啊。没有预约，住店客人现在就不能去游泳？人太多吗？无法多承担两个人吗？我可以不游，就我儿子一人，不会造成太大影响吧。他游几圈就行。"于小姐说。

"因为现在没有人游泳，我们已经开始做清洁消毒了，您可以明天来。"客服答。

"我明天就退房了。我来不了。我昨天咨询明确了游泳池9点结束，特意询问了很多细节，没有人告诉我必须预约，我都打电话了，提醒预约不就是多说一句话吗？你们一点服务意识都没有，只告诉我游泳池正常开放时间：早上8点到晚上9点，我做好一天的规划，现在来……"于小姐有些生气。

"很抱歉，今天游不了。"客服回应。

于小姐很愤怒。客服都不允许她把话说完，就一句硬邦邦的语言"游不了"。

即使游泳池由于各种客观原因当日无法使用了，服务人员也应该以理解并倾听的态度让客户发泄完自己的委屈和不满。当你只是想表达结果"游不了"时，其实完全忽略了客户的感受，客户希望自己的不满被听到，甚至有时发泄完毕，客户也就不会过分不依不饶了。至少允许客户发泄是避免投诉的一个前提。

（三）求安全的心理

求安全的心理是指客户不想再遇到麻烦和问题。客人对某一方面感到不满，从而产生隐忧，对接下来的服务产生怀疑，并不再信任，因此选择投诉，是怕未来再遇到不愉快的事情。客户再不想看到类似的问题重复发生，因此提出投诉，希望这一问题得到彻底的解决。

有时由于垄断或是资源稀缺等原因，客户没有多少选择，出于对下次可能发生的服务担忧，他们选择投诉其实是为了下一次能够安全合理地获得应有的服务。

（四）求补偿的心理

有些时候，客户投诉是为了获得补偿，当一个客户在餐厅用餐时抱怨味道不好，他投诉也许是为了能够获得菜品的折扣，有时客户在商场买衣服，抱怨衣服做工不够精致，但仍是决定购买，抱怨是为了获得更低折扣。有时客户在受到不公平对待时会选择投诉，也是为了获得适当的补偿来弥补精神损失等。

虽然服务型企业都会遇到投诉，但不得不承认投诉的原因是不尽相同的，有些人是自尊心受到伤害，需要找回尊严，有些人是想发泄一下不满，发泄完了也就消气了，有些人投诉是出于对下次服务的担忧，给予他服务的承诺他便可以谅解，有些人是希望得到补偿，如果没有得到适当补偿，无论怎样的口头道歉他都不会接受。

二、发生投诉的潜在逻辑

不是所有的投诉都一定会发生，如果我们能够及时观察到、感受到、捕捉到客户的不满，也许投诉并不一定会发生。

投诉是指客户为生活消费需要购买、使用商品或者接受服务，与经营者之间发生权益争议后，要求保护其合法权益的行为。

而在投诉发生之前，其实客户会先表现出不满、异议、发泄或者做出一些举动以期被关注到，如果这些表现都没有被重视，事态才会升级，出现投诉。

冯小姐和朋友来到一家烤肉店用餐，不久她看到左边的客人上菜了，右边的客人也上菜了，于是就故意大声和朋友说："你刚下单了吗？怎么左边右边都有菜，就咱们没有啊？"朋友会意，大声说："我多熟练啊，刚才一坐下就立刻扫码下单了。"服务员无声走过，仿佛这一切和她没有关系。

服务员再次给旁边的桌子上菜时，冯小姐故意很大动静地敲了一下碗筷。来吃饭，她也不想找不开心，但等了二十多分钟凉菜都没有上，她确实有点着急。

但很遗憾，没有人关注她。

她开始黑着脸招手呼唤服务员进行投诉……

如果服务员能够一开始说一句"我马上给您看看"，或者先拿一碟免费小食赠送给客户缓解焦急情绪，也许就不会有后面的投诉了。

能够有机会听到客人的抱怨，听到最真实的声音，对我们而言是幸运的，我们可以了解客人的心声和他们最迫切的愿望，从而实施针对性的措施和方案，以使服务最大限度符合客户的需求。我们要感谢客户的抱怨和意见，因为这表明他对我们还抱有期望，我们还有机会改进，还有机会留住他们，所以，我们要认真对待客人的一切愿望和意见，采取适当的方式面对客人的投诉。

三、有效的客户投诉管理

在了解了客户投诉的心态和原因后，针对不同的客户要有不同的安抚和解决方案，但一般来说应遵循以下步骤：

（一）表达歉意

无论是通过网络进行的投诉还是面对面地投诉，只要客户感到了不愉快，我们就应该道歉，我们有责任让客人感到愉快，切忌置之不理或与之争吵。向他们表示歉意，表示我们注重他们的感受，并尊重他们，满足了他们的自尊心，也为圆满解决投诉铺平了道路。道歉并不意味着认同客户的意见，道歉是对给客户带来不愉快的服务感受而表示的诚恳致歉。

我们的工作是为客户服务，而客户是在花钱享受服务，明白了这个道理，我们就不应该对客户的误会竭力辩解或嗤之以鼻。即使客户的某些看法是片面的、偏激的，我们也不要去教育客户，而是要用宽容平和的方式尽力使他了解实际情况，获得理解，尽可能不去判断谁对谁错，因为这样无助于事情的解决，我们的目标是解决问题，而不是做一个执行官去判定谁对谁错。

（二）单独沟通

如果是网络投诉，避免在公众号留言下直接解决具体事情，可以回复"我马上与您联系，为您解决"，然后和客户单独沟通，避免整个解决过程被围观。

如果是面对面的投诉，当客户情绪比较激动时，为避免事态扩大影响，应请客户借一步讲话。一般来说，客户在公众面前和嘈杂的环境下情绪更容易波动，所以，在条件允许的情况下，应该请客户去休息区或会议室单独与之沟通，相对安静的环境对于沟通是比较有利的。

（三）安抚情绪

"先处理心情再处理事情"是投诉处理的黄金法则。无论客户的投诉是否有道理，我们都要对客户的心情表示理解，鼓励客户倾诉，自己也认真倾听，并通过表情、语言和身体语汇进行安抚。

（四）认真倾听

在倾听时要注重技巧，边听边记录，同时用精炼和准确的语言重复和总结，这样做的目的是给客户一个"关注"的印象，让客户知道你是在诚恳地与之交流，愿意了解得更多。

（五）整理信息

通过与客户交流，与当事人交流，与其他客户交流了解真实情况，尽量多掌握与投诉有关的信息，为接下来问题的顺利解决打好基础。对于较复杂的问题不要急于表达处理意见，应当有理有礼。通常，我们应在充分倾听，有逻辑地在大脑中加以组织，明白投诉者的真实想法，并向更多的人了解之后，再表达看法。

（六）快速解决

在给出解决方案时不要责怪出现错误的同事，更加不要责怪公司的规章制度。不要在客户面前踢皮球、转移错误，尽快提出解决方案，速度会决定结果。

给出解决方案后，要及时征求客户意见，可以采用开放式或封闭式提问方式来征求客户的意见。一旦获得客户认同，立即实施，以免因为等待再次引发客户不满。对一时不能处理的问题，要随时告诉客户进展状况。有些问题处理起来可能很缓慢，应及时告诉客户事情的进展，从而让客户感到被重视，避免客户误解自己被搁置一旁而使事态扩大。

（七）保持跟踪

解决投诉的人有责任持续跟踪客户为其服务，避免让客户有前热后冷的感觉，要使客户始终感受到企业负责任的态度。

其实服务是一门深奥而复杂的学问，提供规范化、程序化的服务并不难，因为它有理可循，但要使服务精益求精、为人津津乐道则很难，因为它需要服务人员有服务热忱和丰富的知识。

因此,服务人员要不断积累工作经验、掌握沟通技巧,以炙热的情感投入工作,才能被越来越多的人信赖并选择,企业也才会越来越好。